U0653284

GEORGES BATAILLE

棱镜精装人文译丛——————主编　张一兵　周宪

爱 神 之 泪

Les Larmes d'Éros

〔法〕乔治·巴塔耶 著 尉光吉 译 南京大学出版社

目 录

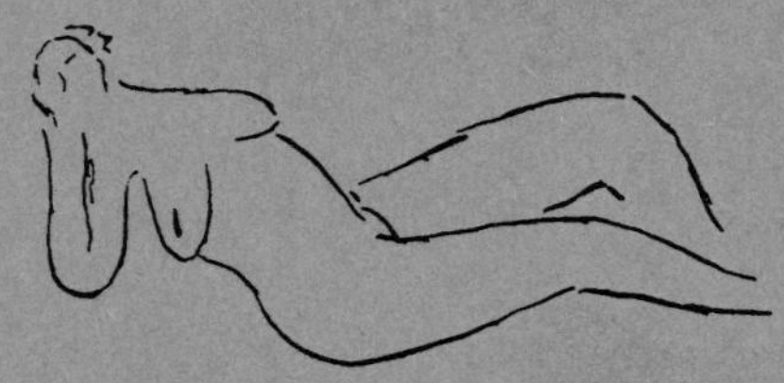

第二部分：终结（从古代到现代）

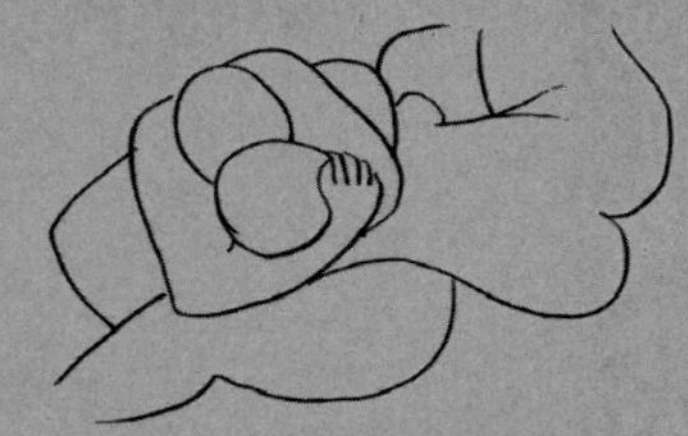

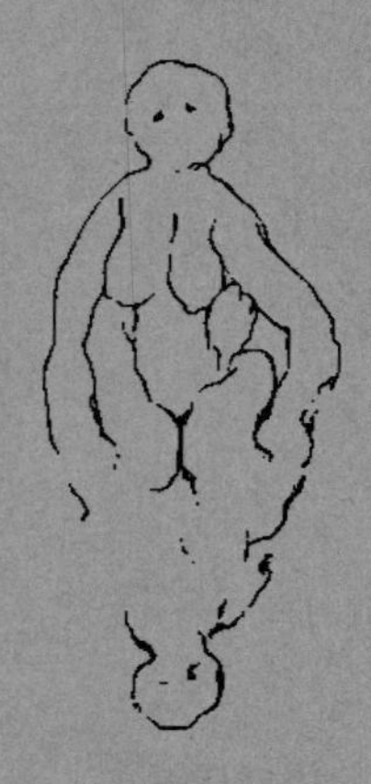

前 言

我们正逐渐地察觉情色和道德之间的种种联系的荒谬性。

我们知道，这源于情色和最遥远的宗教迷信之间的联系。

但在历史的精准性之上，我们决不该忽视这一原则：我们要么首要地痴迷于欲望，痴迷于燃烧的激情向我们提出的东西；要么理智地渴望一个更好的未来。

似乎，存在一个中间项。

我可以活在对一个更好未来的希冀当中。但我仍可以把这个未来投入另一个世界。一个唯有死亡才能把我引入其中的世界……

这中间项无疑不可避免。是时候让人考虑死后会有什么样的奖赏或惩罚了——这比别的任何事情都要沉重……

但最终，我们隐约地看到如此的恐惧（或如此的希望）不再适用的时刻：当前的利益和未来的利益，将正面地发生冲突——燃烧的欲望和理性的反思算计，会直接地进行碰撞。

没有人能够想象这样一个世界，在那里，燃烧的激情断然不再烦扰我们……也没有人可以设想这样一种可能，即生命不再受算计的约束。

整个文明，人类生命的可能性，取决于对生命之保障手段的理性预估。但我们有责任加以保障的这一生命——这一文明的生命——不能被还原为那些使之变得可能的手段。超越精心算计的手段，我们寻求这些手段的目的——或诸目的。

当目的明显只是一种手段时，献身于那一目的就是平庸的。对财富的追求——有时是自私个体的财富，有时是共同的财富——明显只是一种手段。劳作也只是一种手段……

相反，对情色之欲望的回应——对诗歌、对迷狂的或许最人性（最无形）的欲望的回应（但从情色到诗歌，或从情色到迷狂，差异是如此决然地可以把握的吗？）——是一个目的。

事实上，对手段的追求，最终，总是理性的。而对一个目的的追求，则出自我们的欲望，欲望往往蔑视理性。

在我身上，一个欲望的满足往往有悖于我的利益。但我屈服于欲望，因为欲望已然以一种野蛮的方式成了我的终极目的！

然而，可以肯定，情色不只是这种令我如痴如醉的目的。就孩子的诞生能够成为其结果而言，它不是一个目的。但只有这些孩子所需的关照会在人性上拥有一种功利的价值。没有人会把情色的活动——孩子的诞生可以是它的结果——混同于这有用的工作，没有那样的工作，孩子最终会受苦并死去……

功利的性行为和情色相对立，因为后者才是我们生命的终极目的……但对生育的精心算计的追求，如同拉锯的活计，从人的角度看，有被还原为一种可悲的机械活动的危险。

在性爱——那是起源或开端——中给出的人之本质向人提出了一个难题，这一难题只会导致狂乱。

如此的狂乱在“欲仙欲死”(petite mort)[1]中给出。我如何完全地亲历“欲仙欲死”呢?如果不把它作为最终之死的预先品尝?

痉挛性欢愉的暴力深藏在我的心中。这暴力，同时，我颤抖着说，也是死亡之心：它在我身上敞开!

这人类生命的模糊性，诚然就是疯狂的笑声和啜泣的泪水的模糊性。它源于把理性算计和这些泪水……和这可怕的笑声……统一起来的困难。

本书的意义，*初步地说*，是让人意识到“欲仙欲死”和最终之死的同一性。从感官的快乐，从疯癫，到无限的恐怖。

这是第一步。

1 字面意思即“小死”。——译注

把我们带向理性之孩子气的遗忘！

一种从不能度量其界限的理性。

这些界限体现于一个事实：理性的目的，超出了理性本身，不可避免地，不和理性的克服相对立！

经由克服的暴力，我在我的笑声和我的啜泣的混乱中，在一次次把我粉碎的狂喜的过度中，抓住了一种恐惧和一种将我淹没的淫乐的相似性，一种终极的痛苦和一种无以忍受的欢愉的相似性！

开端

第一部分

爱神的诞生

I

死亡意识

La Conscience de la Mort

1 情色、死亡与“恶魔”

单纯的性行为不同于情色；前者蕴含于动物的生命中，而只有人的生命呈现了情色一词所恰当地描述的那种或许是由一个“恶魔的”方面定义的活动。

诚然，“恶魔的”（diabolique）一词，涉及了基督教。然而，当基督教依旧遥远之际，最古老的人类似乎就懂得了情色。我们的史前文献引人注目：画在洞壁上最早的人之图像，拥有勃起的性器。这些图像没有任何真正“恶魔的”东西：它们是史前的，而那时的恶魔……无论如何……

本页图｜劳塞尔地下岩洞里的公开的性交合。奥瑞纳文化时期的浅浮雕。两人对躺于地。其中一个为女性，另一个为男性，他半露于女性人物的身后。（布勒伊神父认为这是一个合理的解释。）

参见拉兰纳（G. Lalanne）博士，《劳塞尔洞穴内部人形浅浮雕的发现》（“Découverte d'un bas-relief à représentation humaine dans les fouilles de Laussel”），收于《人类学》（*L'Anthropologie*），第二十二卷，1911年，第257—260页。

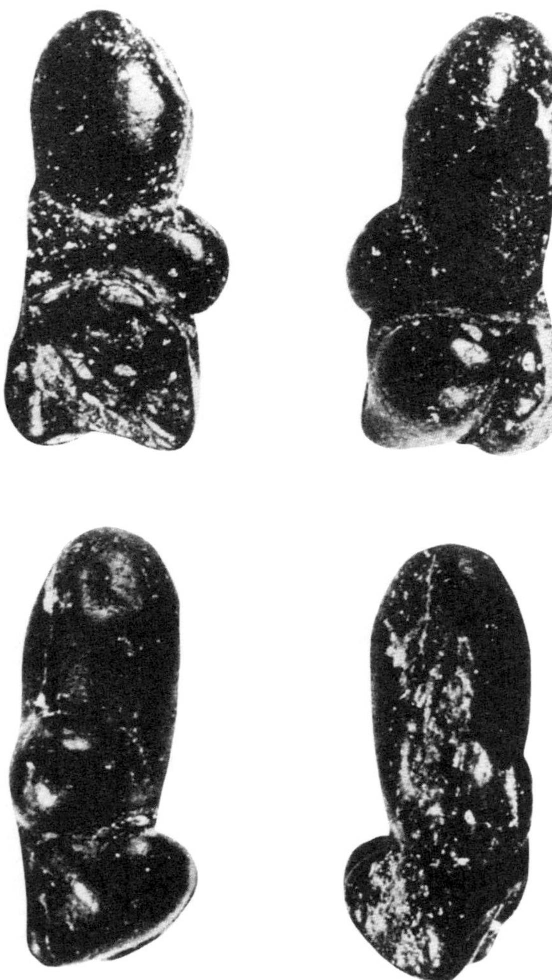

如果“恶魔的”本质上的确意味着死亡与情色的一致，如果恶魔最终只是我们自身的疯狂，如果我们流泪，如果我们在悲痛中久久啜泣——或者，如果我们陷入了一阵阵狂笑——那么，我们怎会觉察不到，一种与这新生的情色有关的，对死亡（某种意义上，是悲惨的死亡，哪怕它仍引人发笑）的忧虑和恐惧？那些在洞壁上留下了其图像的人，往往再现了自身的勃起状态，他们与动物的差别不只是基于一种由此——在原则上——和其存在之本质相连的欲望。我们对他们的了解允许我们说，他们知道——动物不知道的事情——他们会死……

很久以前，人对死亡就有一种恐惧的意识。性器勃起的人之图像可追溯至旧石器时代晚期。它们算是最古老的形象（它们比我们早两三万年）。但与那苦恼的死亡意识相伴的最古老的墓室，要远远早于这些图像；对旧石器时代早期的人而言，死亡已具有一种如此沉重——如此清晰——的意义，以至于他们和我们一样，为其同伴的尸体安排了一个埋葬的场所。

所以，“恶魔的”领域，正如我们知道的，最终由基督教赋予了一种苦恼的意义，

对页图｜奥瑞纳文化时期（？）的一个“雕刻双关”：特拉西梅诺湖附近发现的小雕像。

参见保罗·格拉齐奥西（Paolo Graziosi），《一尊新的史前小雕像》（“Une nouvelle statuette préhistorique”），收于《法兰西史前史协会公报》（*Bulletin de la Société préhistorique française*），第三十六卷，1939年，第159页。

它——本质上——和远古的人类同时代。在那些相信恶魔的人眼中，“阴间”（l'outre-tombe）是恶魔的……但“恶魔的”领域，从人——至少是人类的祖先——意识到他们是会死的，意识到他们活在期待中，活在死亡之苦恼当中的那一刻起，就已经以一种初步的方式存在了。

本页图丨石灰岩上雕刻的耻骨三角区。奥瑞纳文化。

参见佩隆尼（D. Peyrony），《费拉西人》（“La Ferrassie”），收于《史前史》（*Préhistoire*），第三卷，1934年。

2　史前之人与有画的洞穴

一个独特的困难源自这样的事实：人类的演化不是一蹴而就的。那些最早埋葬其死去之同伴的人，其骸骨可在真实的墓穴中被找到，他们要远远晚于最古老的人类踪迹出现的年代。但这些最早照料其同伴尸体的人，他们本身还不完全是人。他们留下的头骨仍具有猿猴的特征：下巴突出，眉弓上方往往有一块野兽般的骨嵴。此外，这些原始的存在，不完全具备那种从精神和肉体上定义我们——并肯定我们——的笔直的站姿。他们无疑是直立行走的；但他们的双腿不像我们的一样完美地挺立。我们甚至该认为，

本页图｜无疑是另一个“雕刻双关”（阳物形状的女性裸体）。西勒伊（多尔多涅）地区的奥瑞纳小雕像，正面及背面缩影。

参见布勒伊和佩隆尼，《奥瑞纳文化的女性小雕像》（“Statuette féminine aurignacienne de Sireuil”）等文，收于《人类学杂志》（*Revue anthropologique*），1930年1—3月；以及萨卡西-德拉·桑塔（Saccasyn-Della Santa），《欧亚大陆旧石器时代晚期的人类形象》（*Les figures humaines du Paléolithique supérieur eurasiatique*, Anvers: de Sikkel），1947年，第196页。

他们像猿猴那样拥有毛茸茸的外表，毛发覆盖着他们，使他们远离寒冷……我们不只是通过骨骼和墓穴才认识到史前史学家所定名的尼安德特人（Homme de Néandertal）的存在：我们还有他们用经过凿刻的石头制成的工具，这些工具，比其祖先的工具，要先进得多。他们的祖先，总体而言，更不像人；而且，尼安德特人，几乎很快地，就被各方面都类似于我们的智人（*Homo sapiens*）取代了。（不管其名字如何，智人几乎不会比他之前猿猴似的存在知道得更多，但他在身体上类似于我们。）

史前史学家把“劳动人”（*Homo faber*）这一名称赋予了尼安德特人及其祖先。的确，“人”的问题，随着适合某一用法并依某一目的打造的工具的出现而产生。工具是认知的证据，如果我们承认，知识（savoir）本质上就是“才智”（savoir faire），即“知道怎么做”的话。远古之人最为悠久的踪迹，与工具相伴的遗骨，可在北非（在特尔尼芬或帕里考）找到，且估计有一百万年的历史。但以最初墓穴为标志的死亡意识产生的时间，已经引起了人们的巨大兴趣（尤其是在情色的层面上）。这个日期是相当晚

对页图 | 著名的《莱斯皮格的维纳斯》，奥瑞纳文化晚期的象牙小雕像，正面、侧面和背面。
圣日耳曼莱昂博物馆

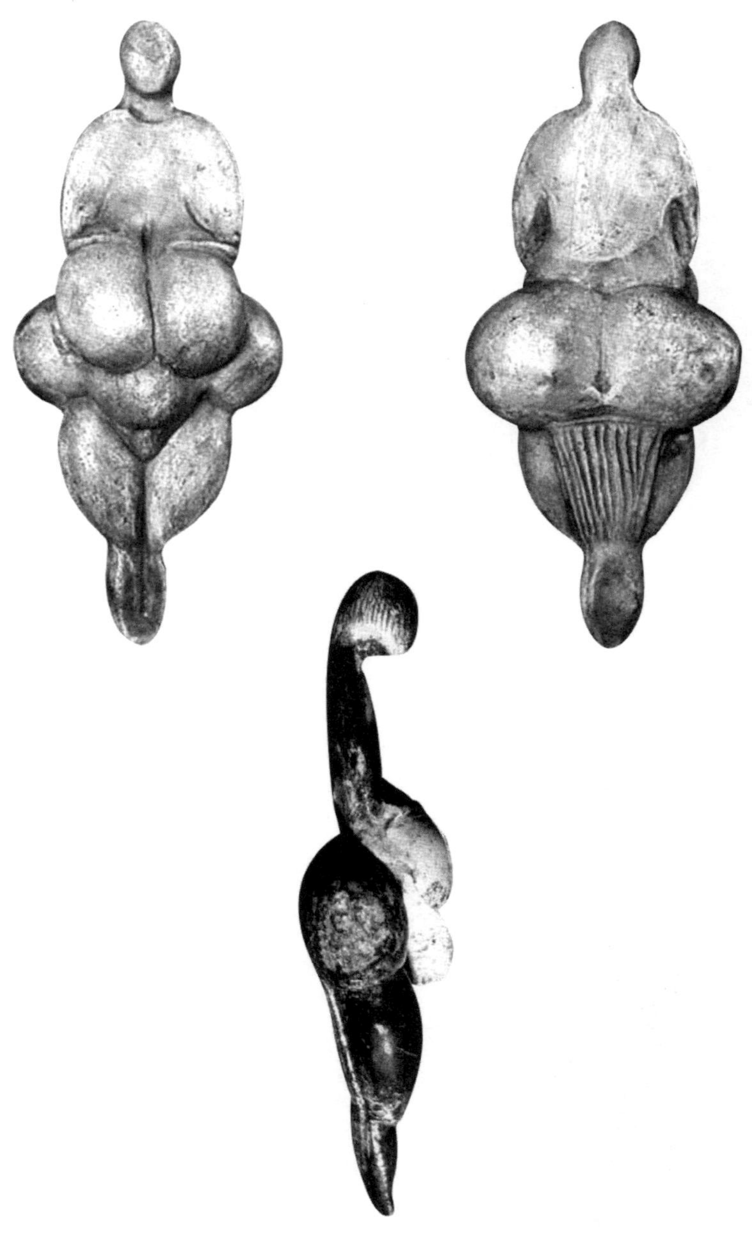

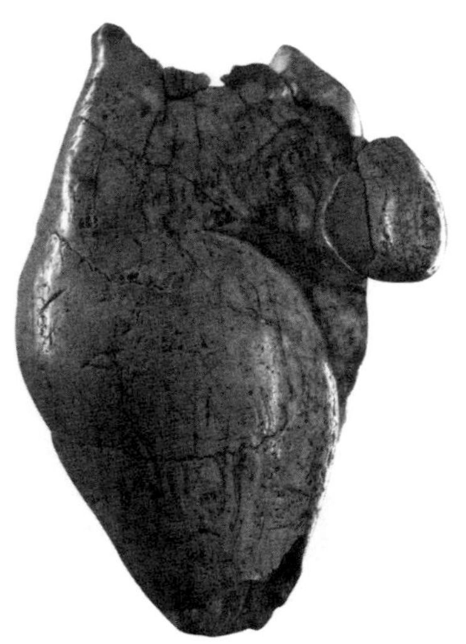

的：大体上是十万年前。最后，我们的同类，那些从骨骼上看明确地属于我们这一物种的存在，它们的出现（如果我们不考虑遗骨的碎片，而是考虑和整个文明相关的众多墓穴的话）不过是三万年前。

三万年……但这一次，我们面对的不再是那些被挖掘出来，供科学家和史前史学家以一种必然相当乏味的方式来阐释的人类残骸了……

我们面对的是光彩夺目的符号……触及我们至深感性的符号：这些符号具有一种打动我们的力量，并且无疑会不断地烦扰我们。这些符号就是人很早之时留在举行其巫术仪式的穴壁上的绘画……

在旧石器时代晚期的人——史前史学家用一个几乎缺乏道理的名称（智人[1]）指定他

对页上图 | 布拉桑普伊的女性小雕像（被称为“梨”的女性身体）。奥瑞纳文化早中期。

参见皮耶特（E. Piette），《布拉桑普伊的栖所》（“La station de Brassempouy”），收于《人类学》，第六卷，插图1，1895年。

对页中图 | 女人，劳塞尔的浅浮雕（奥瑞纳文化晚期）。

对页下图 | 西勒伊的小雕像，侧面（奥瑞纳文化中期）。

巴黎，人类博物馆

1 形容词“智的”（*sapiens*）意味着擅于认知。但工具显然假定了工具制造者对其目的的认知。这种对工具之目的的认知恰好是一切认知的基础。另一方面，对死亡的认知，从根本上开动了感性，并因此与纯粹的话语认知清楚地区别开来，标志了人类认知发展的一个阶段。所以，在对工具的认知之后很久才产生的对死亡的认知，仍早于史前史所谓的智人的到来。——原注（如无特殊说明，本书脚注均为原注。）

们——到来之前，最早的人似乎只是动物和我们之间的一个中间状态。这隐晦的存在必然让我们着迷；但总体上，他留下的踪迹几乎没有为这无定形的迷恋增添任何东西。我们对他的了解，那内在地触动我们的东西，并不首先适合于我们的感性。如果我们从其安葬的习俗中得出这样的结论，即他意识到了死亡，那么，我们只是立刻在反思的层面上被触动了。但旧石器时代晚期的人，智人，并非通过符号为我们所知；符号触动了我们，不只是因为一种非凡的美（其绘画往往不可思议）。符号打动我们，还因它们事实上提供了其情色生活的丰富证据。

这种被我们冠以情色之名并把人和动物对立起来的极端情感的诞生，无疑是史前史研究为认知提供的东西的本质一面……

对页图｜奥瑞纳文化晚期的另一尊著名的女性小雕像：《维伦多尔夫的维纳斯》

维也纳，自然历史博物馆

参见斯松巴蒂（J. Szombatty），《人类学》，第二十一卷，1910年，第699页。

对页图 | 芒通岩洞里的女性裸体。
奥瑞纳文化晚期。

参见萨洛蒙·雷纳克（Salomon Reinach），《女性裸体小雕像》（“Statuette de femme nue”），收于《人类学》，第九卷，1898年，第26—31页。
圣日耳曼莱昂博物馆

从还有点像猿猴的尼安德特人，到我们的同类，即一个完全成形的人——其骨骼和我们的骨骼绝无二致，并且，那些描绘他的绘画或雕塑也向我们表明，他失去了动物浓密的毛发系统——这一转变无疑是决定性的。正如我们已经看到的，浑身很可能毛茸茸的尼安德特人意识到了死亡。并且，情色正是出自这样的意识，它把人的性生活和动物的性生活对立起来。难题尚未提出：大体上，人类的性行为似乎来自猿猴，而不像绝大部分动物那样是季节性的。但就猿猴对死亡没有意识而言，它本质地不同于人。一只猿猴在死去的同类边上反应冷漠，而尚未完全具备人形的尼安德特人会埋葬同伴的尸体，且怀有一种迷信的关怀，那样的关怀同时流露出了尊重和恐惧。人类的性行为，如同一般的猿猴，源于一种强烈的亢奋，不被任何的季节节奏所打断；但它同样有一种动物所不知道、猿猴身上尤其没有体现的含蓄特征……其实，与性行为有关的窘迫感，至少在某种意义上，让人想起了死亡和死人面

对页图 | 西勒伊的无头女性（奥瑞纳文化中期），正面和侧面。
参见布勒伊和佩隆尼，《奥瑞纳文化的女性小雕像》，收于《人类学杂志》，1930年1—3月。
圣日耳曼莱昂博物馆

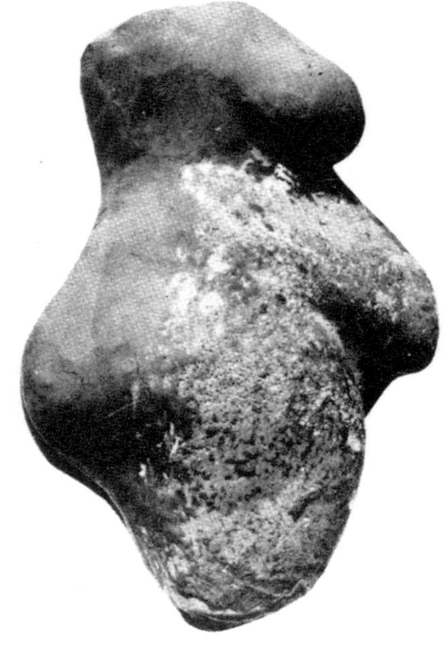

前的窘迫感。在每个情形里，“暴力”都陌异地（étrangement）压倒了我们：每一次，发生之事都陌异于（étranger à）人所接受的事物秩序，每一次，那样的暴力都与事物的秩序相对立。在死亡中，有一种不体面，它无疑不同于性行为的失礼之处。死亡和泪水有关；而性欲有时和笑声有关。但笑声没有看上去那样和泪水截然相反：笑声的对象和泪水的对象往往与某种暴力相关，那种暴力打断了事物的正常秩序和一贯进程。泪水往往和出乎意料的、令人悲痛的事件相连，但与此同时，一个不期而至的快乐结果有时也让我们泪如泉涌。性欲的骚动显然不会让我们落泪，但它往往扰乱了我们，有时还令我们惊慌，两者必有其一：要么让我们大笑，要么使我们进入一种紧拥的暴力……

无疑，要清楚明白地察觉死亡或死亡意识如何与情色达成统一，并不容易。就其原则而言，激发起来的欲望不能和生命相对立，生命不如说是欲望的产物。情色的时刻甚至是这一生命的巅峰，一旦两个存在相互吸引，交配并繁衍，生命的最大力量和最高强度就得到了揭示。这关乎生命，关乎生命的繁殖；但在繁殖中，生命溢出：它一边溢出，一边抵达极端的狂乱。这些交缠的身躯，扭动着，晕厥着，沉浸于淫乐的过度，它们和死亡相对立，死亡随后定会让它们陷入腐坏的沉寂。

其实，从表面上看，人们一致认为，情色和诞生相连，和那不断修复死亡之毁坏的繁衍相连。

诚然，动物，比如猿猴，它们的性欲有时也被激发，但它们对情色一无所知。这恰恰是因为它们缺乏死亡意识。相反，由于我们是人，并活在死亡的阴郁视角下，所以，我们懂得情色的这种激发起来的暴力。

的确，在理性的功利限度内，我们发觉了性骚动的实际意义和必要性。但就其本身而言，那些把“欲仙欲死”的名称赋予了其高潮时刻的人[1]，他们错误地察觉了其悲伤的意义吗？

1 参见乔治·巴代伊，《情色论》，赖守正译，台北：商周出版社，2012年，第223页，有改动。“肉体享乐与毁灭性耗费实在太相近了，以至于我们称高潮的痉挛状态为‘欲仙欲死’。”——译注

拉斯科洞穴“坑”底的死亡 4

在我们对死亡和情色主题隐晦的——直接的——反应里，正如我相信它们是可以把握的，难道没有一种决定性的价值，一种根本的价值吗?

我一开始谈到了那些流传给我们的最古老的人之图像的“恶魔的”方面。

但这“恶魔的”元素，意即和性行为相连的诅咒，真的在这些图像里出现了吗?

我想引入最为沉重的问题，以期在最古老的史前文献中找到一个由《圣经》所阐明的主题。在拉斯科洞穴的最深处找到，或至少说我已经找到原罪的主题，《圣经》传说的主题：和罪，和性亢奋，和情色相连的死亡!

无论如何，这个洞穴，在一种深坑——那不过是一个极难进入的自然裂隙——里，提出了一个令人困惑的谜。

拉斯科人懂得用一种非凡的绘画形式，深深地进入他展示给我们的这个谜。准确地

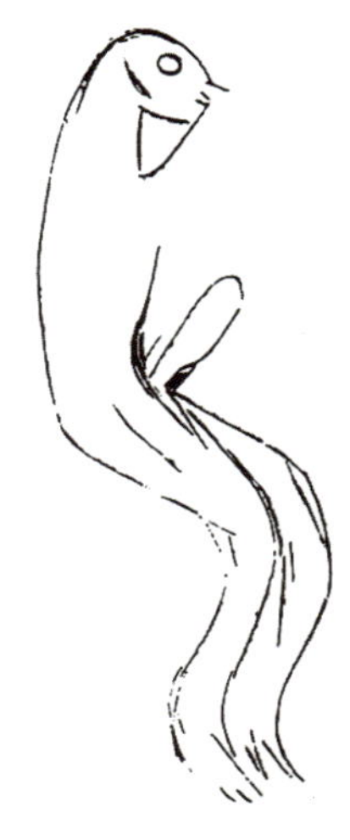

性器勃起的人之图像可追溯至旧石器时代晚期。它们算是最古老的形象（它们比我们早两三万年）。参见第3—6页。

本页左图 | 马格达兰时期的阴茎勃起的形象。刻于阿尔塔米拉。

本页右图 | 马格达兰时期古尔当岩洞里阴茎勃起的形象。刻在一根穿孔的棍棒上。

参见皮耶特主编的《驯鹿时代的艺术》（*L'art pendant l'âge du renne*, Paris: Masson, 1907）。

说，这在他眼里不是一个谜。对他而言，画中的这个人和这头野牛，具有一个清晰的意义。但今天，面对穴壁向我们展示的隐晦的图像，我们只能感到绝望：那个长着一张鸟脸的人，显露了一具笔直的性器，但他正在倒下。他倒在了一头受伤的野牛面前。野牛即将死去，但面朝着这个人，它可怖地流出了它的内脏。

一种隐晦、怪异的特征，把这个悲怆的场景孤立出来，而我们的时代没有什么可与之相比。在这跌倒的人之上，一只一笔画成的鸟，在木棍的末端，试图让我们的思想陷入困惑。

在更远处，偏左的地方，一头犀牛正跑开，但它肯定和该场景无关：那里，野牛和鸟头人出现，并在死亡的临近中达成统一。

正如布勒伊神父[1]已经表明的，犀牛可能在撕开野牛的肚子后，缓缓地远离了这些垂死的形象。但构图清楚地把伤口的起源归于人，归于垂死者手中掷出的长矛。相反，犀牛似乎独立于这个主要的场景，而且后者，可能永远得不到解释……

关于这惊人的重现，它在那失落的——可以说，不可通达的——深处埋藏了千万年，人们能说些什么呢？

不可通达？允许最多四个人一起观看这幅图像，到今天，已有整整二十年了。我把这幅图像和《创世记》的传说对立起来，同时又使之相互关联。拉斯科洞穴在1940年（确切地说，是9月12日）被发现。从那以后，少数人曾下到过坑底，但摄影让非凡的

1 亨利·布勒伊（Henri Breuil，1877—1961），法国天主教神父，考古学家、人类学家，因对索姆和多尔多涅山谷的洞穴艺术的研究而闻名，1938年入选法兰西学院，曾发表有关拉斯科洞穴的著作和论文。——译注

绘画广为人知：这幅画，请让我重述一遍，再现了一个鸟头人，他或许死了，但无论如何躺在一头垂死的狂暴的野牛面前。

在六年前写的一部关于拉斯科洞穴的作品[1]里，我克制自己对这令人惊讶的场景做出个人的解释。我仅限于转述一位德国人类学家的解释[2]，他把该场景比作一场雅库特献祭，并在人的姿势里看到了一个貌似戴着鸟头面具的萨满（chaman）流露的迷狂。旧石器时代的萨满——巫师——和现代的西伯利亚萨满或巫师没有太大的差别。说实话，在我看来，这样的解释只有一个好处：它强调了“场景的怪异性”[3]。然而，缺乏精确的猜想，经过两年的犹豫，我似乎可以提出一个原则。在一部新的作品[4]里，基于“与岩洞画家可能有着

1 乔治·巴塔耶，《艺术的诞生：拉斯科奇迹》（*Lascaux ou la naissance de l'art,* Genève: Skira, 1955）。

2 基希讷（H. Kirchner），《论萨满教的早期历史》（“Ein Beitrag zur Urgeschichte der Schamanismus”），收于《人类》（*Anthropos*），第四十七卷，1952年。

3 它同样强调了一个事实，即旧石器时代晚期的人和现代的西伯利亚人毕竟没有那么大的不同。但这一比较的细节看似脆弱并站不住脚。

4 乔治·巴塔耶，《色情》（*L'Érotisme,* Paris: Les Editions de Minuit），1957年，第83页。（引文参见乔治·巴代伊，《情色论》，赖守正译，台北：商周出版社，2012年，第128—129页，有改动。——译注）

同样生活习性的民族，在杀害动物之后习惯举行赎罪的仪式”这一事实，我宣称：

“此一著名的[1]作品曾引起许多彼此矛盾，同样站不住脚的解释。依我的看法，它的主题应该就是杀戮与赎罪……”

萨满，用他自己的死亡，赎偿了对野牛的杀戮。对狩猎中被害的动物的杀戮进行赎偿，这是许多狩猎部落的法则。

四年后，这一陈述在我看来又过于谨慎了。缺乏任何的评论，这一断言几乎没有任何意义。1957年，我再次仅限于说：

“这一观点至少有助于用一种和某类至高游戏的特质更为一致的宗教的解释，来取代一种对壁画的明显不充分的巫术的（和实用的）解释……”

对页图 | 鸟头人，拉斯科洞穴坑底场景的细节。约公元前13500年。参见乔治·巴塔耶，《艺术的诞生：拉斯科奇迹》。

今天，我似乎必须走得更远。在这本新书里，拉斯科之谜不是唯一的关注点，但在我看来，它至少会是出发点。围绕该谜题，我将试着表明人的某一不容忽略或遗漏的方面的意义，那正是情色一词所指的东西。

1 至少在它引发大量评论的意义上是著名的。

II

劳作与游戏

Le Travail et le Jeu

1 情色、劳作与欲仙欲死

首先，我应再度谈论遥远的事物。原则上，我当然可以详细地谈论情色，而不说太多它在其中发挥作用的那个世界。然而，抛开情色的诞生，抛开情色从中产生的首要条件，来谈情色，似乎是无效的。只有情色的诞生，从动物的性欲出发，实现了其本质。如果我们说不出情色起初为何，那么，试着谈论它也是徒劳的了。

我必定要在这本书中唤起以人为产物的世界，而情色恰恰让人从那个世界中转离了。如果人们为了开启起源的历史而考察历史，那么，对情色的误解已导致了一些明显的错误。但如果，当我想要理解一般的人时，我特别想要理解情色，那么，一个首要的义务就摆在了我的面前：从一开始，我就必须把首要的位置赋予劳作。事实上，从历史的一头到另一头，首要的位置都属于劳作。劳作，毫无疑问，是人的基础。

从历史的一头到另一头，从起源（也就是史前史）出发……史前史和历史没什么不同，只是它所基于的文献少得可怜。但在这根本的

点上，必须指出，最古老、最丰富的文献，都和劳作有关。严格地说，我们发现了一些骨头，或是人自身的骨头，或是人所猎杀的动物的骨头——通常，人就是用这些动物养活自己的。但在所有允许我们稍稍揭示我们最遥远过去的文献里，石制的工具是迄今为数最多的。

史前史学家的探索提供了无数经过打磨的石头，人们往往可以根据其遗址追溯其大致的年代。这些石头经过了加工，以实现某一用途。一些充当武器，另一些充当工具。用于制造新工具的那些工具，同时也是武器制造的必需品：射弹、斧子、标枪、箭头……它们由石头制成，但其原材料有时由已死动物的骨头提供。

当然，正是劳作使人脱离了其最初的动物性。正是通过劳作，动物才变成了人。劳作首先是认知和理性的基础。工具和武器的制造是这种让我们曾经所是的动物人性化的原始理性能力的出发点。人加工材料，他知道如何让材料符合他为之指派的目的。但这样的操作不仅改变了石头：他从石头上凿下的碎片把他所欲的形式赋予了石头。人自身也发生了改变：显然，正是劳作把他变成了人，变成了我们所是的理性的动物。

对页上图 | 长有人类后腿和性器的野牛。三兄弟洞穴，圣殿。

对页下图 | 上图所在的场景。三兄弟洞穴。

参见亨利·贝古昂（Heney Bégouën）和亨利·布勒伊，《沃尔洞穴》（“Les Cavernes du Volp”），收于《艺术与图艺》（*Arts et Métiers Graphiques*, Paris, 1958）。

但如果劳作真的是我们的起源，如果劳作真的是人性的关键，那么，从劳作出发，人最终让自己彻底地远离了动物性。他尤其在性生活的层面上远离了动物性。起初，他在劳作中使其活动符合他为之指派的用处。但他的发展不只是通过劳作：在其生命的整个领域，他让其举止行为符合一个既定的目的。动物的性行为是本能的：雄性寻找雌性并趴在雌性身上，这只是回应一种本能的躁动。但人已通过劳作获得了对其所追求之目的的意识，在他察觉纯粹本能之反应对他具有之意义的同时，他也普遍地远离了这样的反应。

本页图 | 神话场景。在人–野牛前面，是一只半牡鹿半野牛的动物，以及一头长有掌状前蹄的驯鹿。
参见《沃尔洞穴》，见前引书。

对页图 | 三兄弟洞穴，圣殿。有角之神。特写镜头，因角度而发生极大的变形。
参见《沃尔洞穴》，见前引书。

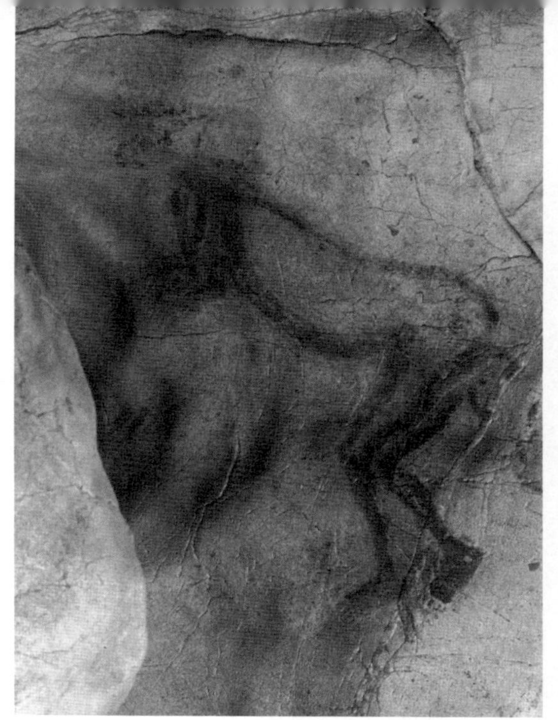

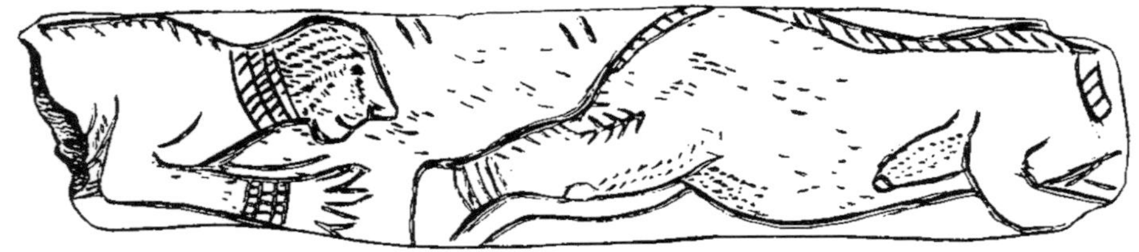

为了让最初之人意识到它，性行为的目的不能是孩子的诞生，而必须是从中产生的直接的快感。本能的运动在一个男人和一个女人之联合的方向上进行，它着眼于孩子的抚养，但在动物性的限度内，这样的结合，只有以生育为前提，才有意义。生育一开始根本不是一个有意识的目的。当性交合的时刻最早以人的方式回应了有意识的欲望时，它所追求的目的就是快感；那是强度，是快感的暴力。在意识的限度内，性行为首先回应了一种对性狂喜的处心积虑的追求。甚至在我们的时代，原始部落仍然没有意识到性融合和生孩子之间的必然联系。对人而言，情人或配偶这一结合，起初只有一个意义，那就是情色的欲望：情色有别于动物的性冲动，因为情色，从原则上讲，如同劳作，是对一个目的，即对性快感的有意识的追求。但这个目的，不同于劳作的目的，它不是获得某种东西的欲望，不是增长的欲望。只有孩子代表了一种获得，但原始人并未从孩子这一实则有利的获得中看到性交合的任何结果。在文明人看来，孩子的出生，一般而言，已经失去了它对原始人具有的那种有利的——物质上有利的——意义。

对页上图 | 有角之神。由布勒伊根据其直接描摹的图画恢复。

参见《沃尔洞穴》，见前引书。

对页下图 | 人的场景（伊斯图里特斯洞穴的骨头雕刻）。马格达兰文化早期。

参见勒内·德·圣佩里耶（René de Saint-Périer），《两件艺术作品》（“Deux œuvres d'art”），收于《人类学》，第四十二卷，1932年，第23页，插图2。

的确，在我们的时代，追求一种被视为目的的快感，往往会遭到贬低。它不符合今天的活动所基于的种种原则。事实上，对性快感的追求，虽然不受谴责，但仍以这样一种方式被人看待，以至于它往往不能进入公开的谈论。此外，这一乍看没有道理的反应，在很大程度上，仍然合乎逻辑。在一种从未彻底失效的最初反应里，性快感是情色游戏的预期结果。但劳作的结果是收益：劳作带来丰盛。如果抛开一个孩子的可能的出生，单从欲望的角度来看情色的结果，那么，它会是一种亏损，与之相应的就是“欲仙欲死”这一矛盾而有效的表达。“欲仙欲死”几乎和死亡无关，和死亡的冰冷的恐怖无关……但当情色运作之时，悖论发生了改变吗？

事实上，因死亡意识而与动物相对立的人，已如此地远离了动物性，以至于就他而言，情色，用一场刻意的游戏、一种对快感的算计，取代了器官的盲目本能。

2 具有双倍魔力的洞穴

在我们看来，尼安德特人的墓室具有一个根本的意义：它们证实了对死亡的意识，对一个悲惨事实的意识，即人能够且必定坠入死亡。但只有在我们的同类生物出现的那一时期，我们才能肯定从本能的性行为到情色的这一过渡。那同类生物就是旧石器时代晚期的人，作为最早的人，他们在身体上绝对不比我们低等，并且，有必要假定，他们或许拥有和我们类似的精神能力。[1]甚至没有什么可以证明，这十分早期的人表现出了我们有时所谓的“野蛮人”或“原始人”那种实则极为肤浅的低等。（那一时期的绘画，已知的最早的绘画，有时不是可以和我们博物馆里的艺术杰作相媲美吗？）

尼安德特人还显示了一种把他和我们对立起来的明显的低等。无疑，他和我们（及其祖先）一样笔直地站立。但他的双腿仍有点弯曲，而且，他不“以人的方式”行走：其着地的部位不是脚底，而是脚的外部边

1 从原则上说，一个旧石器时代晚期的孩子，如果接受我们学校的教育，就可以达到和我们一样的水平。

缘。他前额低矮，下巴突出，他的脖子也不像我们的那样足够修长。我们甚至可以合理地想象，他像猿猴和一般的哺乳动物那样，浑身披着毛发。

关于这远古之人的消失，我们大体上只知道：我们的同类，不经任何的过渡，就占据了尼安德特人曾经居住的区域。例如，他们曾在韦尔泽峡谷及其他区域（法国西南部和西班牙北部）繁衍，人们已在那里发现了其绝妙天赋的大量踪迹。其实，艺术就随着人类的身体日趋完满而诞生。

正是劳作发挥了决定性的作用：正是劳作的功效规定了理智。但人的彻底完满，人的这一完成了的本质，起初启迪了我们，最终则给了我们一种迷醉，一种满足，而那样的满足不只是一场有用之劳作的结果。在艺术作品迟疑不决地出现的时刻，劳作作为人类的事实，已有千万年的历史。最后，不是劳作，*而是游戏*，决定了艺术作品何时来临，那时，在真正的杰作中，劳作在某种程度上不再是一种对实用之关注的回应。的确，人本质上是劳作的动物。但人还知道如何把劳作变成游戏。我要在艺术（在艺术之

对页上图（雕塑）| 1952年由韦斯佩里尼（Vesperini）在阿韦龙河岸的小村庄马格兰达发现的维纳斯之一。"……马格达兰时期最引人注目的雕塑。"（布勒伊）
参见贝蒂哈克（B. Bétirac），《马格达兰的维纳斯》（"La Vénus de la Magdaleine"），收于《法兰西史前史协会公报》，第五十一卷，第125—126页；以及韦尔涅（R. Vergnes），《马格达兰时期的雕刻》（"Gravures magdaléniennes"）中的两张插图，前引书，第四十九卷，1952年，第622—624页，编号11—12（浮雕）。

对页上图（描摹）、对页下图 | 两位不同学者（贝蒂哈克和韦尔涅）的两张描摹。

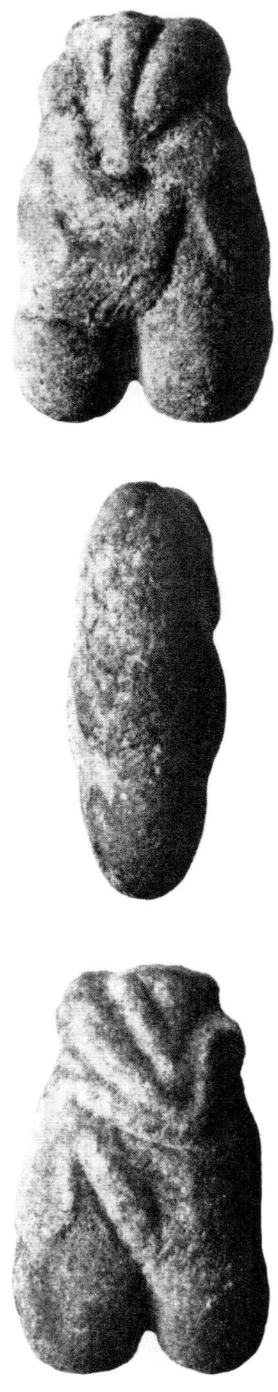

诞生）的语境里强调这点：人的游戏，真正人性的游戏，首先是一种劳作，一种变成了游戏的劳作。[1]不可思议的绘画杂乱地装饰着那些难以通达的洞穴，它们的意义究竟是什么？那些洞穴是幽暗的圣殿，勉强被火炬所照亮；而这些绘画，的确，被认为神奇地引发了其所再现的野兽和鸟类的死亡。但其迷人的动物之美，历经千年的遗忘，仍有一种原初的意义：那就是诱惑和激情，是惊人的游戏，是令人喘不过气的游戏，对胜利的渴望就藏在它后面。

从本质上说，这些洞穴–圣殿，其实是游戏的竞技场。在这些洞穴里，狩猎获得了头等重要的地位，这是由于绘画的神奇价值，或许也是因为其造型的美：它们越美，它们就越有效。但在洞穴的紧张氛围中，诱惑，游戏的深刻的诱惑，无疑占了上风；正是在这个意义上，人们有理由解释狩猎的动物形象和情色的人之形象的关联了。毫无疑问，这样一种关联绝不属于任何成见。诉诸偶然可能更讲得通。但可以肯定，这些幽暗的洞穴，首先的确被用于那根本上就是游戏的东

对页图｜"朱迪亚沙漠的情色塑像"（发现于马尔·卡赫斯图）。旧石器时代末期。

参见勒内·纳维尔（René Neuville），《人类学》，第四十三卷，1933年，第558—560页。

1 我不能在此书的限度内更清楚地表明劳作首要的、决定性的特点了。

西——和劳作相对立的游戏，其意义首先是服从诱惑，回应激情。激情，原则上，在人之形象出现的地方被引入，被描画或草绘在史前的洞壁上，它就是情色。除了拉斯科坑底的死人，这些男性形象，有不少是性器勃起的。就连一个女性形象也在明显地表达欲望。最后，在劳塞尔岩石的掩蔽下，一个双人图像公开地再现了性交合。这些原始时代的自由呈现了一种天堂的特质。这些初级的文明，虽然单纯，精力却无比旺盛，它们对战争一无所知。在白人到来之前，因纽特人自己不知战争为何物，他们今天的文明，没有了其本质的德性。它失去了开端之际的至高德性。但多尔多涅地区的史前气候类似于今天因纽特人居住的北极的气候。因纽特人的节庆心情，对我们最遥远的祖先来说，无疑并不陌生。一些教士想要反对因纽特人的性自由，对此，因纽特人回应说，在那之前，他们一直像歌唱的鸟儿一样自由快乐地生活。寒冷，没有如我们根据当前的舒适所想象的那样，阻碍情色的游戏。因纽特人给出了这方面的证据。同样，在以极地气候著称的西藏高原上，居住者也十分热衷于这些游戏。

早期的情色或许有天堂的一面，我们已在洞穴中再次发现了其天真的踪迹。但这个方面并不清晰，因为其孩童似的天真已被一种沉重所包围。

悲剧的……毫无疑问。

同时，从一开始，也是喜剧的。

因为情色和死亡联系了起来。

因为同时，笑声和死亡，笑声和情色，也联系了起来……

我们已在拉斯科洞穴的深处，看到了和死亡相连的情色。

那里有一种奇怪的启示，一种根本的启示。但这种启示使我们无疑不能诧异于沉默——诧异于一种如此意味深长的神秘方可怀有的难以理解的沉默。

图像在这方面显得格外怪异：那性器勃起的死者有一颗鸟的脑袋，一颗动物的脑袋，并且，它如此地童真，以至于它或许隐晦地、迟疑地烘托了可笑的一面。

一头野牛，一只流失内脏的垂死的怪物，一个似乎是那阴茎勃起的死人临死前杀死的弥诺陶洛斯，逼近了。

无疑，世上没有什么图像充斥着如此滑稽的恐怖了；此外，也没有什么图像，在原则上，如此地不可理解。

在这里，我们得到了一个令人绝望的谜，它带着一种引人发笑的残酷，在时间的曙光中被提出。关键不是要真的解开这个谜。但尽管我们的确缺乏解谜的手段，我们也不能转身离它而去；它无疑不可理解，但它至少邀请我们留在其深处。

作为由人提出的最初之谜，它要求我们降至情色和死亡在我们身上敞开的那道深渊的底部。

人们不曾怀疑，动物图像的起源，会在某个地下坑道内，被偶然地瞥见。史前洞穴及其绘画已在某种意义上消失了千万年：一种绝对的沉默正变成永恒。在19世纪末，还没有人能想象这些被偶然揭示的绘画令人震惊的古老。只有到20世纪初，一位伟大的学者，布勒伊神父，才以其权威肯定了这些早期之人的作品的真实性——那些早期之人完全是我们的同类——但时间的浩瀚无边把他们和我们分开。

如今，光已投下，不留一丝怀疑的阴影。如今，一股由参观者构成的持续不断的潮流，让这些洞穴恢复了生气，它们逐渐地，一个接一个地，从无尽的黑夜里浮现……这股潮流尤其让拉斯科洞穴恢复了生气，那最美丽也最丰富的一个……

在所有洞穴里，正是这个洞穴在某种程度上依旧神秘。

事实上，正是在这个洞穴最深的裂隙里，在其最深也最难通达的地方（今天，一架垂直的铁梯至少允许几个人同时抵达那里，尽管如此，绝大多数参观者并不知道它，或顶多是通过摄影复制品知道的……），正是在一道如此不便接近，以至如今被冠以“深坑”之名的裂隙的底部，我们发觉自己面对着最惊人、最怪异的呈现。

一个似乎已经死了的人，四肢张开，平躺在一只沉重的、静止不动的、咄咄逼人的动物面前。那动物是头野牛——它格外地咄咄逼人，因为它已奄奄一息：它受了重创，内脏正从破开的肚子流出。表面上，这四肢张开的人用长矛击倒了垂死的野兽……但这个人还不完全是人；他的脑袋，一个鸟的脑袋，以喙结束。在这整幅图像上，没有什么可以合理地说明人的性器勃起这一悖谬的事实。

因此，场景具有一个情色的特点；这个特点是明显的，被清楚地强调的，但又无法解释。

就这样，在这几乎不可通达的裂隙里，上演了——但何其隐晦啊——这出被遗忘了千万年的戏剧：它虽重现，却未脱离它的晦暗。它虽显露，却仍被遮掩。

从它显露的那一刻起，它就被遮掩了……

但在这封闭的深处，一种悖谬的一致性得到了肯定；那一致性显得格外沉重，因为它在如此不可通达的晦暗中得到承认；那本质而悖谬的一致性，就是死亡和情色之间的一致性。

这真理，无疑，不断地肯定自身。然而，不管它怎样肯定自身，它仍保持隐蔽。这既是死亡的本质，也是情色的本质。两者事实上遮蔽了自身：它们在自身显露的那一刻遮蔽自身……

我们想象不出一种更加隐晦、更能确保思想之混乱的矛盾了。

另外，我们想象得出一个更能助长此混乱的场所吗？这洞穴的失落的深底，必定未曾有人居住，甚至在人类生活的早期就被遗弃了。[1]（我们还知道，在那一时期，当我们迷路的祖先踏入这地坑的深处，想不惜一切

1 大约在我们的时代之前一万五千年。

对页图｜狄奥尼索斯和一个女祭司（细节）。5世纪中期绘有红色形象的花瓶。参见第69—73页。
卢浮宫，编号421

代价地到达那里时，他们不得不借助绳索下降[1]……）

“深坑之谜”当然是最为沉重的谜题之一；同时，它也是我们这一物种的谜题中最富悲剧色彩的。它源自一段极为久远的过去，这解释了一个事实，即它被提出的方式，具有一种初看起来令人惊异的过度的隐晦。但说到底，不可穿透的隐晦正是谜题的基本功效。如果我们承认这悖谬的原则，那么，这深坑之谜——它以一种如此怪异、如此完美的方式，回应了根本之谜，即远古的人类向今天的人类提出的最遥远，本质上最隐晦的谜——同时会是最具意义的谜。

它事实上不是充满了原初的神秘吗？而这样的神秘，在其自身看来，就是人的来到世上，就是人的最初显现。它不是同时把这样的神秘和情色、死亡联系了起来吗？

说实话，脱离众所周知的语境，引入一个既如此本质，又以最为强烈的形式提出的谜，会有些徒劳；但那个语境，由于人之结构，原则上仍然隐蔽。

1 人们甚至在拉斯科洞穴里发现了一段绳索残片。

鉴于人的精神躲藏了起来，它仍然隐蔽。

隐蔽在种种令人眼花缭乱的显露的对立面前，隐蔽在这些对我而言就是“可能性之极限”的几乎不可通达的深处……

那些对立，特别地，会是：

从不发笑的猿猴的低卑……

不管怎样都可以“开怀”大笑的人的高贵……

悲剧——这是死亡的基础——和性快感、笑声达成的共谋……

直立的姿势和肛门——它和下蹲有关——之间的亲密的对立……

终 结

第二部分

从古代到现代

I

狄奥尼索斯或古代

Dionysos
(ou l'Antiquité)

1 战争的诞生

在我们这里与爱神厄洛斯（Éros）的名字相连的种种狂喜，往往有一个悲剧的意义。这方面在拉斯科深坑的场景中格外突出……但战争或奴隶制和我们这一物种的早期时代无关。

在旧石器时代晚期结束以前，战争似乎还不为人所知。只有在这一阶段之后——或者，在所谓的中石器时代[1]之后——我们才发现了人类在战斗中相互残杀的最初证据。西班牙黎凡特的一幅岩画描绘了弓箭手之间的一场极度激烈的战斗。[2]这幅画，据我们所知，可追溯至大约一万年前。只需补充一点：自那以后，人类社会就不断地致力于战争的实践了。不过，我们似乎有理由相信，在旧石器时代，谋杀，我指的是杀人，并非不为人知。但它绝不涉及那些试图相互消灭的武装群体的对抗。（即便到现代，在那些和旧石器时代的人一样对战争感到陌生的因

1 中石器时代是旧石器时代和新石器时代或磨制石器时代中间的过渡阶段。

2 该画的复制品见我的《色情》一书，插图8。

纽特人中间，也发生过杀人，虽然并不多见。因纽特人所处的寒冷气候，大体上类似于法国那些创作洞穴壁画的人曾经生活过的地带的气候。）

不考虑早期的原始战争让一个群体和另一个群体相互对抗的事实，我们可以认为，战争一开始并不以一种系统化的方式进行。从今天仍存在的战争原始形式判断，起初的关键不在于一种有待获得的物质利益。

战胜者消灭了战败的群体。战斗结束后，他们屠杀敌方的幸存者、俘虏和女人。但年幼的孩子，不论性别，无疑会被战胜者接纳，后者必定会在战争结束后以对待自己孩子的标准来对待他们。据我们所知，根据现代原始人的实践，从战争中获得的唯一物质好处，就是获胜的群体从此壮大了。

本页左图｜狄奥尼索斯的小神祠（提洛岛）。

本页右图｜阳物形状的纪念碑。狄奥尼索斯的小神祠（提洛岛）。

2 奴隶制和卖淫

只有过了很久——但我们对发生这一变化的日期一无所知——战胜者才领会到一种利用俘虏的可能性，即让他们沦为奴隶。这种增加劳动力并减少群体幸存所需之辛劳的可能性很快就得到了重视。在新石器时代发展起来的畜牧和农业，也得益于劳动力的增长，劳动力的增长允许了武士的相对空闲。其首领的彻底空闲……

在战争和奴隶制到来之前，萌芽期的文明依赖于本质上平等的自由人的活动。但奴隶制从战争中诞生。在把社会划分为相互对立的阶级上，奴隶制发挥了重要的作用。武士可以通过战争和奴隶制掌握大量的财富，他们只需首先把自己的生命暴露在危险下，然后把其同类的生命也暴露在危险下。情色的诞生要早于自由人和奴隶的人类分化。但情色的快感，部分地取决于社会地位和财富的拥有。

在原始状况下，情色的快感源于魅力，源于男人的强壮和智慧，源于女人的年轻和美貌。对女人来说，美貌和年轻仍是决定性的。但这个脱胎于战争和奴隶制的社会，信奉特权的重要性。

特权让卖淫成为情色的正常途径，特权让情色依赖于个体的权力或财富，使之通向了谎言。我们不应弄错这点：从史前史到古典时期，性生活误入了迷途，由于战争和奴隶制，它变得迟钝麻木。婚姻为必要的生育保留了位置。而这位置显得格外地沉重，因为从一开始，男人所享受的自由就倾向于让他们远离家庭。直至今日，人类也几乎还未走出这一旧辙……

本页图 | 酒神女祭司与阴茎勃起的人物（马其顿硬币，公元前5世纪）。
国家图书馆，徽章陈列室
参见让·巴伯隆（Jean Babelon），《马其顿黄金国》（“Un Eldorado macédonien”），收于《档案》（*Documents*），第二期，1929年5月。

对页图 | 阴茎勃起的人物与酒神女祭司（马其顿）。
国家图书馆，徽章陈列室

劳作的首要性 3

一个本质的事实终究得到了确证：从旧石器时代的悲惨中走出的人类，遭遇了早先时候必定还不曾为人所知的苦厄。表面上，战争的实践可追溯至这些新时代的开端。[1]关于这一主题，我们不知道什么十分确切的东西，但战争的登场，从原则上说，应该标志着物质文明的衰落。旧石器时代晚期的动物艺术——持续了大概两万年——消失了。它至少从法国坎塔布连地区[2]消失了：在任何地方，都没有如此美丽、如此伟大的东西，将之继承下去。至少是就我们所知的而言……

人的生命，走出了最初的单纯，选择了战争的被诅咒的道路。战争造成了破坏，战争引发了堕落，战争导致了奴隶制，战争还催生了卖淫。[3]

1 在旧石器时代行将结束之际，无疑是在从旧石器时代到新石器时代的过渡阶段，也就是在中石器时代。参见第51—52页。

2 粗略地讲，是法国西南部和西班牙北部。参见第3—47页。

3 如果卖淫最初未必是一种堕落的形式（例如，宗教的卖淫，神圣的卖淫），那么，随着奴役的悲惨，它很快就通向了低贱的卖淫。

本页图 | 6世纪的一个双耳瓶细节，科林斯。
布鲁塞尔，皇家博物馆
参见恩斯特·布绍尔（Ernst Buschor），《萨提尔》（*Satyränze*），第37—38页。

在19世纪早期，黑格尔试图表明：奴隶制所导致的战争的影响，也有一个积极的方面。[1]根据黑格尔的说法，当代人和早期的贵族武士几乎没有什么共同之处。从原则上讲，当代人是劳作者。富人本身，以及一般的统治阶级，都在劳作。他们至少适度地劳作……

通过劳作改变世界的，无论如何是奴隶，而非武士；最终在其本质上被劳作所改变的，也是奴隶。就奴隶成了文明之财富的唯一真正的创造者而言，劳作改变了他们。尤其是考虑到这样一点：智慧和知识都只是奴隶被迫劳作的结果，而他们劳作首先是为了执行主人的命令。我们应当指出，劳作正是以这样的方式造就了人。那些不劳作的人，那些被劳作的羞耻所支配的人，旧制度

1 参见《精神现象学》（1806）。

下富裕的贵族，或今天的食利者，只是残骸而已。今日世界所享受的工业财富，是被奴役的人群、悲惨的诸众上千年劳作的成果，后者从新石器时代起就由奴隶和工人构成。

从此，劳作在世上起着决定性的作用。战争本身首先提出了工业的难题，唯有工业才能解决的难题。

但在那些从战争中获取力量的空闲的统治阶级落入当下的退化以前，他们的空闲已倾向于消损其部分的权势了。（那些把沉闷、吃力的劳作留给别人的人，最终被一个名副其实的诅咒所困扰。）很快，在不论什么地方，贵族都自动地投身于堕落。这是14世纪一位突尼斯的阿拉伯作家所明确提出的一条规律。根据伊本·赫勒敦[1]的说法，沉溺于都市生活的胜利者，终有一天会被游牧民征服，游牧民更加粗犷的生活使之应对得了战争的挑战。但有必要把这一规律运用于某个更大的领域。一般而言，财富的使用，久而久之，会导致至贫者的一种更大的回弹力。至富者起初拥有物质资源的优越性。罗

对页上图｜萨提尔和酒神女祭司（6世纪的一个希腊花瓶细节）。
哥本哈根，国家博物馆

对页下图｜6世纪埃比克泰多的一个三耳瓶细节。
卢浮宫
参见福特万格勒（A. Furtwaengler）和雷柯德（Reichhold），《希腊瓶画》（*Griechische Vasenmalerei*），插图73；以及莉莲·B. 劳勒（Lillian B. Lawler），《酒神女祭司》（“The Maenads”），收于罗马的《美国学院学报》（*Memoirs of the American Academy*），第五期，1927年。

1 伊本·赫勒敦（Ibn Khaldoun，1332—1406），阿拉伯历史学家、哲学家、外交家与政治家，生于突尼斯，逝于开罗，著有《历史绪论》。——译注

马人维持了他们的统治，因为他们长期具有军事技术的优势。但这样的优势终有一天衰落了，一方面是因为蛮族的战争能力的增强，另一方面则是因为士兵人数的减少。

但在战争中发挥作用的军事优越性，只在一开始具有意义。在一个因持续的优势而稳定下来的既有的物质文明的界限内，被剥夺了基本权利的阶级受惠于一种道德的活力，而特权阶级，不管其物质力量如何，缺乏这样的活力。

现在，我们必须开始讨论情色这一难题了，虽然就重要程度而言，它无疑是次级的……但在古代，它占据了一个重大的位置，一个它今天已然失去了的位置。

4 论下层阶级在宗教情色发展中的作用

就情色在古代有某种意义而言，就情色在人类活动中有其角色而言，这样的角色不总是由贵族——在那个时代是指任何一个获得了财富之特权的人[1]——来扮演。诚然，正是贫民的宗教躁动首先在贵族的阴影下规定了情色的意义。

当然，财富发挥了作用。就既定的形式而言，婚姻和卖淫意味着，对女人的占有倾向于依赖金钱。但在这份关于古代情色的概述里，我应首先考虑宗教的情色，尤其是酒神狄奥尼索斯的狂欢宗教。在狄奥尼索斯祭仪的限度内，金钱原则上不起作用，或只起次要的作用（如同身上的疾病）。狄奥尼索斯狂欢的参与者往往是贫民，有时甚至是奴隶。社会阶层和财富根据时间与地点而变化……（对此，我们几乎没有任何信息。但我们也从来没有什么明确的证据。）

1 至少，在希腊，没有财富支撑的诞生不具有合法的意义。

关于这样一个看似没有任何统一性可言的放纵无度的活动的重要性，我们无法准确地说出什么。正如没有什么统一的狄奥尼索斯教派，仪式也随时间地点而变。所以，我们对它们只有一种不确定的认知。

没有人在意要把这事告诉后代。甚至没有人能够如其所愿那般精确地做到这点。

我们只能勉强地说，至少，在罗马帝国最初的几个世纪以前，贵族享乐者肯定不在教派中扮演重要的角色。

据我们所知，相反地，起初酒神节实践在希腊具有一种超越情色享乐的意义。狄奥尼索斯的实践最早充满了强烈的宗教色彩；它是一个燃烧的运动，一个迷失的运动。但我们对这一运动的认识，整体上少得可怜，以至于希腊戏剧和狄奥尼索斯祭仪之间的种种联系难以确定。但如果悲剧的起源某种意义上和这暴力的祭仪有关，那么，我们也不会觉得惊讶。狄奥尼索斯的祭仪本质上是悲剧的。它同时也是情色的，它在一种狂热的骚动中流露出情色，但我们知道，就狄奥尼索斯祭仪是情色的而言，它也是悲剧的……而且它首先就是悲剧的，情色最终使之进入的，恰恰是一种悲剧的恐惧。

5 从情色的笑声到禁忌

本页图 | 正在跳舞的酒神女祭司。署名陶工马克龙和画匠赫农的器皿(公元前480年—公元前400年)。
柏林,国家博物馆
参见普弗尔(E. Pfuhl),《希腊素描与绘画杰作》(*Meisterwerke Griechischer Zeichnung und Malerei*),1924年,插图41,图像58;以及雷柯德,《萨提尔舞蹈与早期戏剧》("Satyrtaenze und Frühes Drama"),收于《巴伐利亚科学研究院》(*Bayerischen Akademie der Wissenschaften*),第三期,1943年。见前引书,《希腊瓶画》,慕尼黑,1940年,插图155。

一旦考虑情色,人的精神就发现自身面对着其最为根本的困难。

情色,某种意义上,是可笑的……

对情色的暗示总能够激发嘲讽。

甚至在说到爱神的眼泪时,我也能引起笑声……爱神无论如何是悲剧的。爱神首先是悲剧之神。

我们知道,对古人而言,爱神有童真的一面:爱神有一个青春孩童的面孔。

但爱,因为它引人发笑,终究,不是格外地令人苦恼吗?

情色的基础是性行为。如今，这样的行为服从一个禁忌。难以置信！做爱遭到了禁止！除非秘密地进行。

但如果我们秘密地进行，那么，禁忌就改变了它所禁止的东西的面貌，并用一道既阴森[1]又神圣的光辉，照亮了它：简言之，用宗教的光辉，照亮了它。

禁忌把其自身的价值赋予了它所禁止的东西。往往，在我抓住了克制之意图的那一瞬间，我问我自己，我是否，相反地，还没有暗暗地受到激唤！

禁忌，把被禁的行为本身并不具有的一种意义，赋予了它所打击的对象。被禁之事激发僭越，没有僭越，行为就会失去其诱人的邪恶光辉……正是禁忌的僭越对人施展魔咒……

但这光辉不仅仅由情色发出。每当完满的暴力，那种在死亡割开祭品之喉咙——并终止其生命——的瞬间运作起来的暴力登场之时，它也照亮了宗教的生命。

对页上图 | 一个酒神女祭司和一个西勒诺斯。署名赫农的器皿内部。
参见朗洛茨（Langlotz），《希腊瓶画》，第29页，图像42；以及劳勒，《酒神女祭司》，见前引书。
慕尼黑，古代工艺美术博物馆

对页下图 | 酒神女祭司和西勒诺斯。器皿。
卢浮宫（G. 488）

1 淫亵之光，如同犯罪之光，昏暗凄凉。

神圣！……

这个词的音节预先就充满了苦恼，其承受的重量正是献祭中死亡的重量……

我们的整个生命承受着死亡……

但，在我身上，最终的死亡具有一种怪异的胜利的意义。它让我沐浴它的光辉，它在我体内打开一阵无限喜悦的笑声：陨灭的笑声！……

如果凭此寥寥数语，我还没有把我自己封闭于死亡摧毁存在的那一瞬间，那么，我又如何能够谈论“欲仙欲死”呢？那时的我并未真的死去，而是在一场胜利的感觉中崩塌！

本页图｜萨提尔和酒神女祭司，公元前5世纪。希腊花瓶细节。
哥本哈根，国家博物馆
参见恩斯特·普弗尔，《希腊素描与绘画杰作》，见前引书。

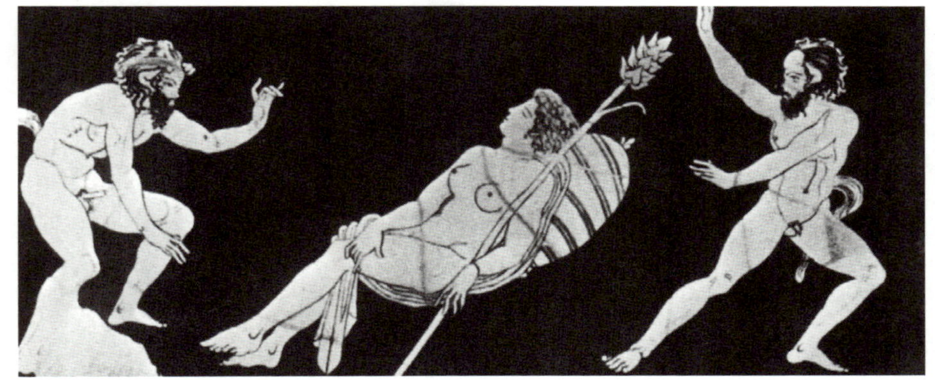

6 悲剧的情色

本页图 | 萨提尔和酒神女祭司。
署名赫农的器皿。
卢浮宫(G. 144)

在情色中，有比我们一开始倾向于承认的更多的东西。

今天，没有人发觉，情色是一个疯狂的世界，那世界的深处，远远地超出了其天国的形式，是地狱的。

我已把一种抒情的形式赋予了我正提出的洞见，它将肯定死亡与情色之间的联系。但我坚持这点：情色的意义，除非在它那突如其来的深处被给予了我们，不然，它将离我们而去。情色首先是最为动人的现实；但同时，它仍是最不光彩的。甚至在精神分析之后，情色的相互矛盾的方面，某种意义上，显得数不胜数了；其深刻性是宗教的，它是可怕的，它是悲剧的，它还是不可告人的。无疑，因为它是神圣的，它就更是如此……

相比于这个为人类整体划定界限的简化了的现实，情色是一座恐怖的迷宫，在那里，迷路者必当战栗。这是接近情色之真理的唯一方法：战栗[1]……

当史前之人把自身的亢奋和拉斯科岩洞坑底埋藏的图像联系起来的时候，他们知道了这点。[2]

狄奥尼索斯的崇拜者能够把自身的冲动和酒神节女祭司的所想联系起来，当他们没有自己的孩子，用牙齿撕咬并吞食活的山羊时，他们也知道了这点[3]……

1 参见前文第5—6页和后文第156页。

2 参见前文第20—24页。

3 此处读者或许难以理解我……但在继续之前，我有必要让读者参阅我的书的相关章节。

7 僭越之神或节庆之神：狄奥尼索斯

此刻，我想解释情色的宗教意义。

情色的意义避开了任何一个看不到其宗教意味的人！

反之亦然，宗教的意义总体上避开了任何一个忽视它同情色之联系的人。

我将试着首先给出一个宗教的图像，在我看来[1]，这个图像符合它的原则，它的本源。

宗教的本质是挑选某些行为作为有罪的行为，意即，被禁止的行为。

本页图 | 酒神女祭司和阴茎勃起的人物（5世纪）。

1 只有跟随这一关于宗教意义的原则的断言，狄奥尼索斯宗教的整体阐述才有意义。
从道德的角度来理解宗教是平庸的，这么做一般会让行为的价值取决于其结果。但宗教的行为本质上有其直接的价值，一种神圣的价值。把一种神圣的价值当作某种有用的东西（这样一来，人们就把价值当作一种力量来对待）当然是可能的（也是重要的）。但神圣的价值原则上仍是一种直接的价值：它只在这一变形的瞬间才有意义，由此，我们恰恰从使用价值转向了终极价值，那样的价值独立于瞬间本身之后的一切效果，它根本上是一种审美价值。
康德看到了难题的所在，但他的论断里无疑有一种逃避（如果他没有看到，他的立场在反对有用性的判断中假设了一种对有用性的预先赞同的话）。

宗教禁忌原则上排斥一种确定的行为，但它同时能够把一种价值赋予它所排斥的东西。有时，违背禁忌，僭越禁忌，甚至是可能的，或符合要求的。但首先，禁忌决定了它所否认的东西的价值——原则上是一种危险的价值：这个价值，粗略地说，就是《创世记》第一章里“禁果”的价值。

这个价值在节庆中被人发现，节庆期间，平常被排斥的东西被允许——甚至被要求了。在节庆期间，僭越恰恰把奇迹的一面、神圣的一面，赋予了节庆。在诸神中间，狄奥尼索斯本质上和节庆相连。狄奥尼索斯是节庆之神，宗教僭越之神。狄奥尼索斯在绝大多数时间被视为葡萄酒之神和醉

本页左图|陷入狂喜的酒神女祭司。5世纪的双耳瓶。
慕尼黑（2344）

本页右图|《普里阿普斯的凯旋》，后文艺复兴时期弗朗西斯科·萨尔维亚蒂（Francesco Salviati，1510—1563）的阐释。

对页图|酒神女祭司（一个据鉴定是由克莱奥弗拉德斯人制作的双耳瓶细节），公元前500年。
慕尼黑，古代工艺美术博物馆
参见普弗尔，《希腊素描与绘画杰作》，见前引书。

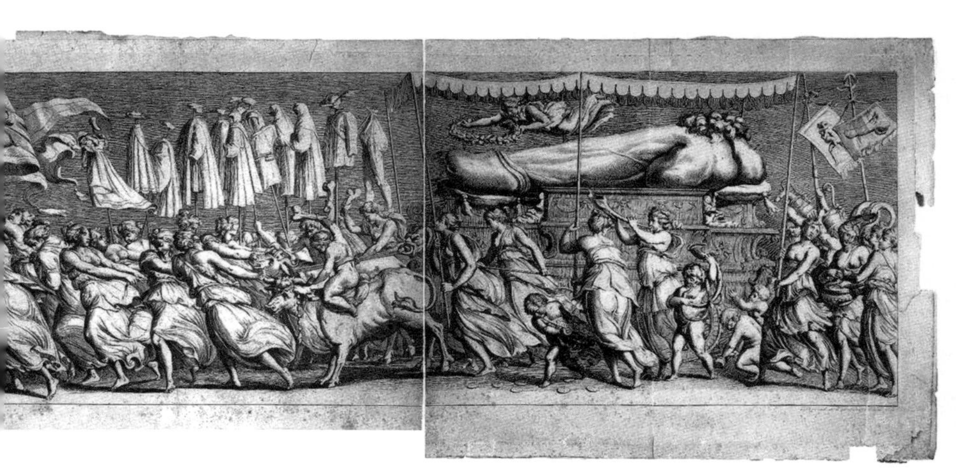

本页图 | 伊特鲁里亚花瓶（公元前6世纪或公元前5世纪）（复制品）。
维也纳，性研究所

对页图 | 提姆加德的罗马镶嵌图案。

神。狄奥尼索斯是一位迷醉之神，其神圣的本质就是疯癫。但疯癫本身，从一开始，就具有神圣的本质。神圣，也就是拒绝理性的规约。

我们习惯于把宗教和法则、理性联系起来。但如果我们的讨论仅限于那从整体上为诸宗教奠定基础的东西，我们就不得不拒斥这样的观念了。

毫无疑问，宗教甚至在根本上，是颠覆性的；它偏离了对法则的遵守。至少，它要求的是过度，是献祭，是在迷狂中达到高潮的节庆。[1]

1 我应从整体上对诸事实进行快速的说明。

狄奥尼索斯的世界 8

当我想给出一个关于宗教情色的惊人图像时，我被引向了对一种极端复杂性的考虑。情色与宗教之间的种种关系的问题显得格外地沉重，因为今天存活的宗教往往满足于否认或排斥它们之间的关系。一种老套的论调认为，宗教审判情色，而情色，在起源上，和宗教生活本质地相关。我们现代文明的个体化的情色，诚然由于这一个体化的特点，不再和宗教有关——除非一种最终的审判把情色的骚动和宗教的意义对立起来。[1]

然而，这样的审判将自身铭刻于宗教史：其位置是否定的，但它仍有一个位置。在这里，我打开一段题外话，被迫把我的断定所需要的发展托付给另一项工作（它具有一种不可避免的哲学的特质）。事实上，我抵达了人类生命的决定性时刻。当人们把情

1 严格地讲，在一些引发了基督教（或至少引发了基督教的反面：撒旦教）的模糊的遗迹里，有一种情色的趣味；但自于斯曼（Huysmans）以来，撒旦崇拜已经失去了这位作家在19世纪末的《在那儿》（*Là-bas*）里描写的实际价值。据我所知，这些遗迹不过是以商业方式组织起来的喜剧而已。

色从宗教里排斥出去的时候，宗教就被还原为一种功利主义的道德……情色失去了其神圣的特点，变得不洁了……

暂且，我将满足于抛开这些关于狄奥尼索斯祭仪的一般考虑，转而快速地陈述我们对某些相当持久的实践[1]的认识，那些实践把最值得我们注意的形式赋予了宗教情色。

无疑，我们在这里面对的东西，就其本质而言，是一种迷恋的持续，它出自一种纯粹神话的或仪式的存在。狄奥尼索斯是僭越之神和节庆之神。同时，正如我说过的，他也是迷狂之神和疯癫之神。酒醉、狂欢和情色是一位在深深的眩晕中消解了其特征的神

本页图丨庞贝神秘别墅的客厅。狄奥尼索斯场景。1世纪。

“庞贝神秘别墅的美丽绘画允许我们想象我们时代的第一个世纪的精雅仪式所获得的光辉。”参见第76—80页。

1 大约有至少一千年。此外，6世纪的狄奥尼索斯崇拜很有可能是某些已然十分古老的习俗的延续。我之前提到的撒旦崇拜整体上也有可能和狄奥尼索斯祭仪的延续有关。参见第69—72页。

灵可把握的方面。的确，在这迷醉的形象上方，我们能够发觉一种古老的农业的神性。在其最为古老的形式里，这个形象和对物质、土地的牵挂有关，和农民的生活有关。但很快，面对迷醉和疯癫的骚动，田野里劳作者的忧虑不再占据上风。狄奥尼索斯一开始并非酒神。在6世纪的希腊，葡萄的种植尚不具备它不久之后获得的那种重要性……

的确，狄奥尼索斯的疯癫本身是一种有限的疯癫，它保留了其牺牲品的利益：死亡只在极少的情况下才是出路……狄奥尼索斯的女祭司（Ménades）的狂热到了这样的地步，以至于只有把孩子——她们自己的孩子——活活地撕开，才能平息她们的骚动。无疑，我们不能肯定，这样的过度是否在仪式期间真的发生过。但如果自己没有孩子，狂热的酒神女祭司就会撕开并吞食羔羊——这些羔羊的痛苦叫声和婴儿的哭泣几乎没有什么不同。[1]

对页图 | 庞贝：《受鞭笞的女人和舞蹈》

尽管我们知道了酒神节的狂暴，但我们对它经历的具体发展过程还是一无所知。它必定补充了其他的元素。色雷斯硬币上描绘

1 当我还是孩子的时候，一听到房前那些要被屠刀宰杀的羔羊发出的叫声，我就极其恐慌。

对页图 | 庞贝:《阳物的揭露》

的图像有助于我们想象一种骚乱，这种骚乱在滑向狂欢的过程中占据了主导位置。这些硬币只不过再现了酒神节的古老一面。而随后几个世纪的花瓶上描绘的图像则有助于我们看清这些以放纵为准则的仪式究竟是什么样的。此外，这些晚来的造型也有助于我们把握一种发展，起源的非人的暴力就在那样的发展中消失。庞贝神秘别墅的美丽绘画允许我们想象我们时代的第一个世纪的精雅仪式所获得的光辉。我们所知的186年的血腥镇压，正如蒂托-李维（Tite-Live）叙述的那样[1]，奠定了一些可疑的指控，它们成了一项政治运动的基础，而那运动的目的，就是抵制一种诱发衰败的异域影响。［在意大利，狄奥尼索斯祭仪——虽然有一个拉丁化的狄奥尼索斯，即神灵利伯尔（Liber）——被视为一种东方的舶来品。］塔西佗（Tacite）的引证和佩特洛尼乌斯（Pétrone）的叙述让我们相信，狄奥尼索斯实践至少部分地退化成了一种粗俗的放荡。

1 根据历史学家李维的记载，186年，罗马元老院下令禁止酒神崇拜。参见李维,《罗马史》（*Histoire Romaine*）XXXIX: 8–22。——译注

一方面，我们相信，狄奥尼索斯在帝国的最初几个世纪里的流行使得人们把他视为基督教的危险的竞争对手。另一方面，一种更加清醒的狄奥尼索斯崇拜，一种正派得体的狄奥尼索斯崇拜，其随后的存在似乎表明，对混乱的恐惧迫使狄奥尼索斯的忠实追随者弃绝了早期的恶毒。

对页上图｜安卡尔维耶。

对页下图｜潘神。5世纪的希腊花瓶。伦敦

X
LE TRIOMPHE DE PRIAPE
PORTÉ SUR UN CHAR.
Gravé ſur une Pierre de Cornaline.

II

基督教时代

L'Époque Chrétienne

1 从基督教的审判到病态的赞颂（或从基督教到撒旦教）

在情色史上，基督教扮演了这样的角色：审判。就基督教统治了世界而言，它试图把世界从情色中解放出来。

但如果我们想得出一个最终结论，我们明显受到了阻碍。

基督教，在某种意义上，赞成劳作的世界。它以牺牲享乐为代价，让劳作变得更有价值。当然，它把天堂变成了一个直接的——同时也是永恒的——满足的王国……但它首先把天堂变成一种努力的最终结果……

本页图｜斯普朗格：《末日审判》（细节）

都灵

如同蒂埃里·布茨（Thierry Bouts）和凡·德·韦登（Van der Weyden），巴托罗美奥·斯普朗格（Bartholomeus Spranger）虽然是一个样式主义者，却同样探索了“末日审判”的主题来再现裸体。参见第118—119页。

某种意义上，基督教是一条纽带，它把努力的未来结果——首先，是古代世界的努力的结果——变成了一个劳作的世界的前奏。

我们已越来越清楚地看到，对古代世界而言，宗教的目标，就是死后的生活，因此，这最终的结果被赋予了至高的价值，而那价值又立刻被取消了。但基督教坚持这点。它给即刻的享乐留下的只是一种就最终结果而言的罪恶感。从基督教的角度看，情色损害了，或至少耽误了最终的结果。

但这一倾向有其对应物：正是通过审判，基督教本身获得了燃烧的价值。

撒旦教也是如此。撒旦教，作为基督教的否定，在基督教看似正确的情况下，才有意义。（然而，对基督教的否定，最终，符合一种对遗忘的追求。）

撒旦教扮演了一个角色——尤其是在中世纪即将结束的时候——但它的起源让它丧失了生存力。情色必然和这出戏剧有关。从那个以撒旦为牺牲品的诅咒开始，撒旦教反过来不可避免地把其信徒献给了这击中它的诅咒。过失的可能性无疑也发挥作用：恶魔似乎有给出机

对页图 | 蒂埃里·布茨（1400—1475）：《地狱》（细节）
卢浮宫
如果中世纪再现裸体，那也只是为了表现其恐怖。弗拉芒画家蒂埃里·布茨的女性裸体没有让人感到厌恶，但它们是诅咒之恐怖的化身。在威尼斯，另一位画家也再现裸体：这是为了表现将要被圣乔治杀死的恶龙的牺牲品的尸体。
凡·德·韦登把蒂埃里·布茨置于地狱当中的裸体和末日审判的恐怖联系了起来。后来，斯普朗格也这么做。参见第83页。

运的权力。但这样一个表象最终是欺骗性的。宗教法庭有让人醒悟的权力……

一旦没了机运，情色，就不可避免地终结于它的反面，也就是厄运。机运只能以拐弯抹角的方式寻求。但如果拐弯抹角，情色就失去了它的宏伟：它被贬低为弄虚作假。长此以往，情色的弄虚作假似乎成了本质。狄奥尼索斯的情色是一种肯定——如同所有的情色，某种程度上是施虐的——但在这相对的弄虚作假中，肯定会变得越来越拐弯抹角了。[1]

1 但有一个重大的例外：萨德。我会回到这点（第141—144页）。

本页图 | 卡巴乔（Carpaccio）：《圣乔治斗恶龙》（细节）
威尼斯，圣乔治

对页图 | 凡·德·韦登：《末日审判》（细节）
博纳济贫院

情色在绘画中的重现 2

中世纪在绘画中赋予了情色一个位置：它把情色流放至地狱！[1]这一时期的画家为教会工作。而对教会来说，情色就是罪。绘画只能把情色引入一个方面，那就是审判。只有地狱的再现——只有罪恶的令人厌恶的图像——能够为情色提供一个位置。

从文艺复兴开始，情况发生了变化。甚至在中世纪的形式遭到抛弃之前，自艺术爱好者购买情色作品的那一刻起，事情就发生了变化，尤其是在德国。那时，只有最富裕的人才有钱定制世俗绘画。版画没有那么昂贵。但版画的费用也非所有人都担负得起。

这些限制不得不被考虑。那些绘画——或那些版画——给出的激情的表达是扭曲的。那些绘画和版画不像中世纪的图片一样引起普遍的反应，民众的反应。但民众本身

对页图 | 丢勒：《卢克丽霞》
慕尼黑，汉夫史丹格尔收藏

1 请看绘画对地狱的再现。但在但丁的诗中，保罗（Paolo）和弗兰齐斯嘉（Francesca）在地狱深处实现了崇高的爱。（关于地狱里的保罗和弗兰齐斯嘉，参见但丁《神曲·地狱篇》第五章。——译注）

089

Les Larmes d'Éros 爱神之泪

已服从激情的暴力：暴力能够在一个被稀释了的世界里运作，从中就浮现了那诞生于黑夜的艺术。

无疑，我们应当考虑这些限制。那些绘画——或那些版画——给出的激情的表达是部分地扭曲的。那些绘画和版画不像中世纪的图片一样传达了一种共同的情感。然而，激情的暴力就在这种诞生于宗教世界之黑夜，诞生于幸存之世界的情色艺术里运作，那世界虔诚地诅咒一切肉体的作品……

阿尔布雷特·丢勒（Albert Dürer）、老卢卡斯·克拉纳赫（Lucas Cranach）、巴尔东·格里恩（Baldung Grien）的作品再次回应了这白日的不确定性。因此，它们的情色价值在某种意义上令人心碎。它没有在一个轻易打开的世界里得到肯定。在这里，我们发现了一道摇曳不定的，甚至严格地说，狂躁不安的光芒。的确，克拉纳赫的裸体贵妇的巨大帽子回应了一种对挑逗的痴迷。今天，我们变得如此轻浮，以至于我们不禁对之发出笑声……但面对他描绘的那根从胯部把受害者撕开的长锯，我们流露的就不只是一种愉悦的情感了……

对页图 | 丢勒:《俄耳普斯之死》。以蒙提尼亚（Mantegna）的一幅（已遗失的）画为原型创作。
汉堡美术馆

本页图 | 丢勒：《情侣》（1523）

对页左图 | 克拉纳赫：《维纳斯与爱神》
罗马，鲍格才美术馆

对页右图 | 克拉纳赫：《卢克丽霞之死》。克拉纳赫的五幅画之一。
贝桑松美术馆

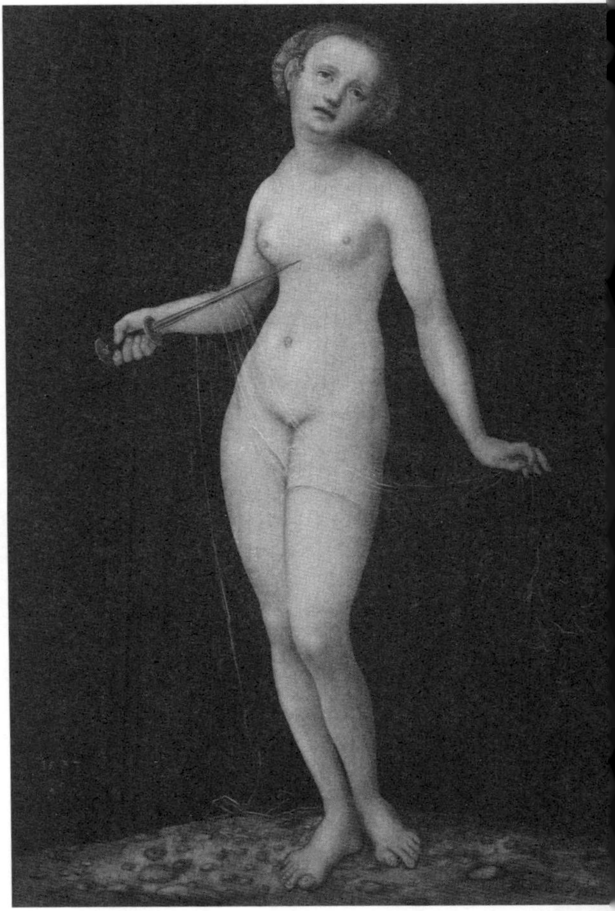

对页图 | 克拉纳赫:《尘世乐园》
奥斯陆, 国家博物馆

本页上图 | 汉斯·巴尔东·格里恩:《爱神与死神》(虚空画), 1510年。
维也纳
"它们的情色价值在某种意义上令人心碎。它没有在一个轻易打开的世界里得到肯定。在这里, 我们发现了一道摇曳不定的, 甚至严格地说, 狂躁不安的光芒。"(参见第91页。)

本页下图 | 汉斯·巴尔东·格里恩:《死神与女人》(1515)
柏林

本页图 | 汉斯·巴尔东·格里恩:
《朱迪思》(1515)
纽伦堡

对页图 | 汉斯·巴尔东·格里恩:
《卢克丽霞》(1520)
法兰克福

HB

对页图 | 汉斯·巴尔东·格里恩:《赫拉克勒斯与翁法勒》
巴黎美术学院, J. 马松收藏

本页图 | 拜尔内特·凡·奥利(Bernard van Orley, 1491—1542):《尼普顿与宁芙》
布鲁塞尔

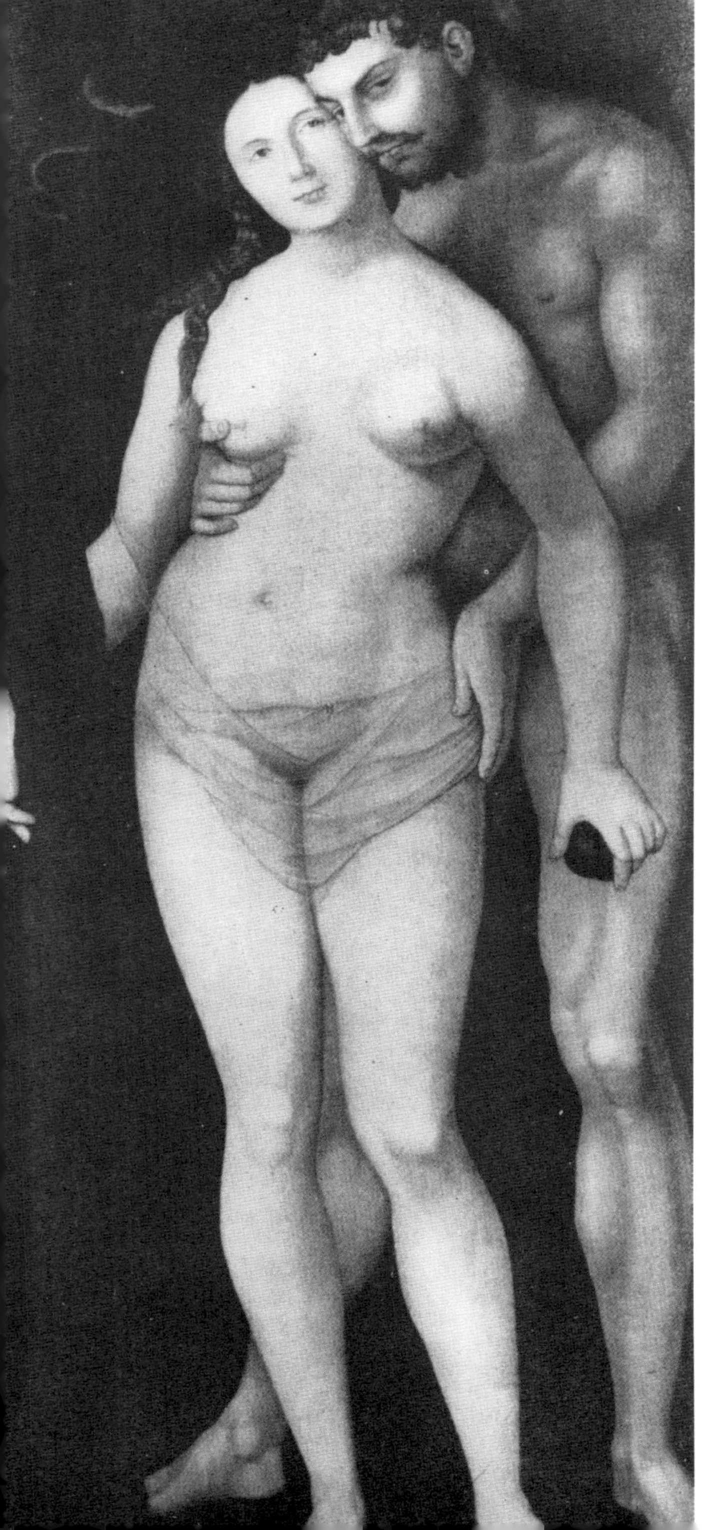

100

对页图 | 汉斯·巴尔东·格里恩：

《亚当与夏娃》

卢加诺

本页图 | 朱里奥·罗马诺（Giulio Romano，1492—1562）：《朱庇特（化身为龙）拜访奥林匹亚》

帕维亚，湿壁画

本页图｜扬·戈塞特（Jan Gossaert）：《从萨耳玛西斯到赫马佛洛狄忒斯的变形》
鹿特丹，博伊曼斯美术馆

对页图｜柯勒乔（Le Corrège，1489—1534）：《朱庇特与艾奥》。弗朗西斯科·巴尔托洛齐（Francesco Bartolozzi）的版画。
国家图书馆

自一种遥远的、往往粗暴的情色进入这个世界以来，我们就面对着情色和施虐狂的可怕结合。

在阿尔布雷特·丢勒那里，情色和施虐狂的联系几乎不少于克拉纳赫或巴尔东·格里恩作品中的情形。但巴尔东·格里恩恰恰把情色的吸引同死亡联系了起来——同一种无所不能的、可怕的死亡图像联系了起来，但那样的死亡也把我们引向了一种充满魔力的魅惑感——他把情色的吸引同死亡，同死亡的腐烂，而不是痛苦，联系了起来。不久，这些关联消失了：样式主义（maniérisme）将把绘画从中解放出来！但直到18世纪，一种自身肯定的情色才为世人所知：浪荡的情色。

对页图 | 蓬托莫（Pontormo，1494—1557）：《丽达》。以米开朗琪罗的作品为原型。
伦敦，国家画廊

本页图 | 米开朗琪罗：《情侣》。“亚当与夏娃”的习作。
巴约讷美术馆

3 样式主义

在所有的情色绘画里，对我最具诱惑力的，就是样式主义的名称所指定的那种绘画了。另外，样式主义至今鲜为人知。在意大利，样式主义始于米开朗琪罗。在法国，枫丹白露画派（l’école de Fontainebleau）不可思议地再现了它。除了米开朗琪罗[1]，样式主义画派的画家几乎都不受赏识。他们总体上默默无闻。枫丹白露画派在绘画中占有的地位不该如此。卡隆[2]、斯普朗格和凡·哈勒姆（Van Haarlem）的名字，已或多或少地

对页图 | 《芙罗拉和公羊》。以布龙齐诺（Bronzino, 1502—1572）的作品为原型制作的花毯。
佛罗伦萨，皮蒂宫

1 除了米开朗琪罗和埃尔·格列柯（El Greco）。但这里，我只谈论情色的样式主义，因为在我看来，情色触及了样式主义的本质。所以，我应说明，格列柯在何种程度上以何种方式和样式主义相关。他和样式主义相关就如同福利尼奥的圣安吉拉（sainte Angèle de Foligno）或阿维拉的圣特蕾莎（sainte Thérèse d’Avila）的神秘主义和败落中的基督教相关一样，其中，对未来的关注——它从本质上奠定了基督教——让位给了一种对现世的关注（我已说过，它回应了暴力，回应了情色的强度）。

2 安东尼·卡隆（Antoine Caron），1520年生于博韦，1598年卒于巴黎，他曾在枫丹白露画派接受训练，师从普利马蒂乔（Primatice）。其画作和尼科洛·德尔·阿巴特（Niccolò dell’Abate）的样式有关，但他的“疯癫”大大

超出了其老师和启发者们的框架。

参见安德烈·布勒东（André Breton）和热拉尔·勒格朗（Gérard Legrand），《魔法艺术》（*L'art magique*, Paris, 1957）；埃尔曼（J. Ehrmann），《安东尼·卡隆》（"Antoine Caron"），收于《法兰西艺术史协会公报》（*Bulletin de la Société de l'Histoire de l'Art Français*），1945年，第114—126页；同前，收于《伯灵顿杂志》（*The Burlington Magazine*），第九十二期，1950年，第34—39页；同前，收于《安东尼·卡隆：瓦卢瓦的宫廷画家》（*Antoine Caron, peintre à la cour des Valois*, Paris, 1957）；米歇尔·莱里斯（Michel Leiris），《安东尼·卡隆》（"Antoine Caron"），收于《档案》，1929年。

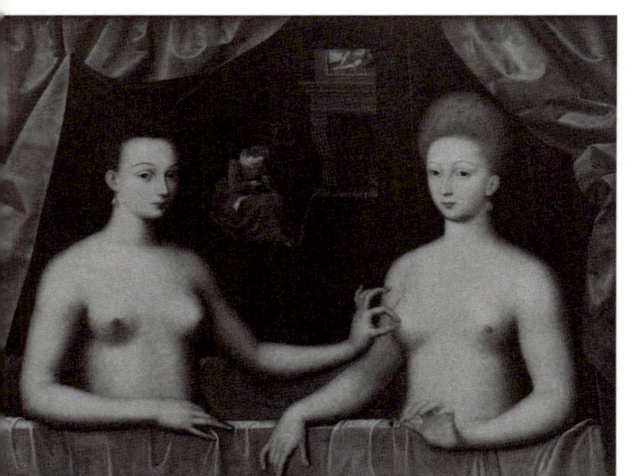

本页图 | 枫丹白露画派：《加布里埃尔·德斯特雷和她的妹妹》
卢浮宫

对页上图 | 枫丹白露画派：《沐浴与面具》
私人收藏

对页下图 | 枫丹白露画派：《沐浴的狄安娜》（1545）。弗朗索瓦·克卢埃（François Clouet）画作的几个版本之一。
图尔美术馆

109

沦入了被遗忘的境地，他们本配得上更好的待遇。他们喜爱“奇异的天使”，他们恢复了感官的力量。古典主义看不上他们……但节制，如果不意味着对一切非持久之物的恐惧的话，至少也意味着对那看似不会持久的东西的恐惧。出于同样的原因，格列柯本人不再引起注意。的确，绝大多数样式主义者没有格列柯那样的暴力——但情色妨害了他们……

我应指出，其他不那么大胆，却同样着迷的画家，在大约同一时期，沿着相同的路线前进。丁托列托（Tintoret）是格列柯的老师，正如提香（Titien）实际上是丁托列托的老师。但某种程度上，由于古典主义及其衰败在意大利（尤其是在威尼斯）的影响没有那么深刻，提香——以及丁托列托——的样式主义和情色就没有那么令人不安了。而格列柯的样式主义让17世纪的西班牙如此地震惊，以至于欧洲最为怪异的一位画家的黯然退场要持续近三个世纪。在法国，格列柯的过度从未引起任何兴趣，但普桑（Poussin）对情色的迷恋——原则上和他的古典主义相悖——似乎没有遇到什么阻碍……如果他表露过真情，那首先是在一张未被采用的草稿上。

本页图｜安东尼·卡隆：《罗马流放期间的屠杀》
卢浮宫

本页图 | 枫丹白露画派：《赫克丽娜》
马赛，德芒多-德松伯爵收藏

对页上图 | 枫丹白露画派：《萨宾娜·波贝娅》
日内瓦

对页下图 | 枫丹白露画派：《戴红百合的女人》
巴黎，比安库尔侯爵收藏

SABINA POPPÆA

Les Larmes d'Éros 爱神之泪

对页图 | 枫丹白露画派:《爱神的眼泪》。这幅画长久以来被认为是罗索(Rosso)的作品,又名《维纳斯为阿多尼斯之死哭泣》。
阿尔及尔美术馆

本页图 | 枫丹白露画派:《朱迪思》
贝利收藏

本页图 | 枫丹白露画派：《普罗克里斯和克法罗斯》

橘园美术馆，塞利格曼收藏

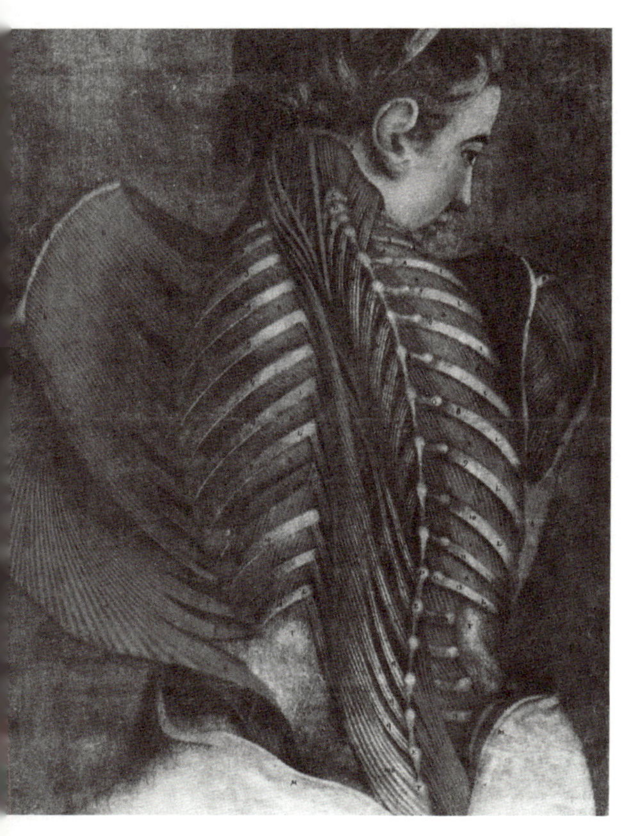

本页图 | 戈蒂埃·达戈蒂(Gautier d'Agoty):《解剖》(南希,1773年)。一幅解剖图上的晚期样式主义个案。
巴黎,阿兰·布里厄档案

对页图 | 巴托罗美奥·斯普朗格:《智慧女神的胜利》
维也纳,艺术史博物馆

本页图 | 巴托罗美奥·斯普朗格：《抹大拉的玛丽亚》
国家图书馆

对页图 | 雅各布·祖齐（Jacopo Zucchi，1541—1589）：《普赛克惊扰爱神》
罗马，博盖塞美术馆

本页图 | 科尼利厄斯·凡·哈勒姆（Cornelius van Haarlem）：《维纳斯与阿多尼斯》
不伦瑞克，画廊

对页上图 | 阿德里安·凡·德·韦尔夫（Adrian van der Werff）：《罗德和他的女儿们》
圣彼得堡，艾尔米塔什

对页下图 | 阿德里安·凡·德·韦尔夫：《罗德和他的女儿们》
德累斯顿，画廊

123

本页图｜枫丹白露画派：《泉》
私人收藏

对页图｜科尼利厄斯·凡·哈勒姆：《屠杀无辜者》（1591）
海牙

125

本页图 | 科尼利厄斯·凡·哈勒姆:《大洪水》

不伦瑞克,画廊

对页上图 | 提香:《朱庇特与艾奥》(素描)

剑桥大学,菲茨威廉博物馆

对页下图 | 提香:《酒神节》中沉睡的阿里阿德涅。鲜有人注意到孩童的奇怪态度。

马德里,普拉多美术馆

127

本页图 | 提香:《酒神节》(细节)

对页上图 | 提香:《宁芙与牧羊人》(或《第三只手》)
维也纳,画廊

对页下图 | 提香:《维纳斯》
佛罗伦萨,乌菲齐美术馆
请注意,这是马奈《奥林匹亚》的(理想)模型。参见第168—169页。

本页图 | 提香:《朱庇特与安提俄珀》(细节)
卢浮宫

对页图 | 安东尼·卡隆:《塞墨勒崇拜》
巴黎,埃尔曼收藏

本页图 | 提香:《阿雷蒂诺》
佛罗伦萨,皮蒂宫

对页图 | 提香:《画匠及其妻子塞西莉亚》(1589)
卢浮宫

本页图 | 丁托列托:《伏尔甘惊扰马耳斯和维纳斯》
慕尼黑

对页图 | 丁托列托:《营救》
德累斯顿,画廊

本页图｜泰奥多尔·贝尔纳（Théodore Bernard，1534—1592）：《当洪水以前的日子，人照常吃喝……》[扬·扎德勒(Jan Sadler)的版画]
国家图书馆

对页上图｜代尔夫特的维米尔（Vermeer de Delft）：《情人们》
德累斯顿，画廊

对页下图｜17世纪的无名画家：《施洗约翰》（细节）
马德里，普拉多美术馆

对页图 | 普桑:《赫马佛洛狄忒斯》[小贝尔纳·皮卡尔(Bernard Picart)的版画]

国家图书馆

“普桑对情色的迷恋——原则上和他的古典主义相悖——似乎没有遇到什么阻碍……如果他表露过真情，那首先是在一张未采用的草稿上。”

本页图 | 伦勃朗:《约瑟和波提乏的妻子》(1634)

国家图书馆

本页上下图 | 伦勃朗：《朱庇特与安提俄珀》/《隐藏的女人》（1631）
国家图书馆

4 18世纪的浪荡与萨德侯爵

在18世纪的放荡法国，一种根本的变化产生了。16世纪的情色是沉重的。在安东尼·卡隆那里，它能够与一种狂暴的施虐癖携手并行。

布歇（Boucher）的情色趋向于轻盈。轻盈能够出现，只是为了给沉重开路……笑声有时也为一场大屠杀搭建舞台。但那时的情色对以之为前奏的种种恐怖一无所知。

布歇应该从未遇见过萨德（Sade）。的确，不论萨德一生迷恋的是怎样的恐怖之过度——它们构成了其书中的凶残叙事——他仍可以发出笑声[1]。然而，我们知道，在那段把他从马德隆奈特监狱押到皮克普监狱的旅程途中——如果不是热月政变，这段旅程的终点会是绞刑架——萨德有过短暂的停留，并厌倦了眼前大革命的斩首场景[2]……可萨

1 《卧房里的哲学》（*La Philosophie dans le boudoir*）是一本有趣的书：它把恐怖和玩笑结合了起来。

2 监狱的院子里建有断头台。

本页图 | 鲁本斯:《卡斯托耳和波吕丢刻斯》

慕尼黑,美术馆,汉夫史丹格尔收藏

对页上图 | 鲁本斯:《战争的恐怖》(草图)

谢弗里耶收藏

对页下图 | 鲁本斯:《战争的后果》

佛罗伦萨,皮蒂宫

德自己的生命——他在监狱里待了三十年，但他特别地用不计其数的幻想来充实他的孤独：他幻想可怕的尖叫和流血的尸体。只有想象那不可容忍的事情，萨德自己才忍受了这样的生命。在萨德的狂躁中，有一场爆炸的对等物：既把他撕碎，又无论如何令他窒息。

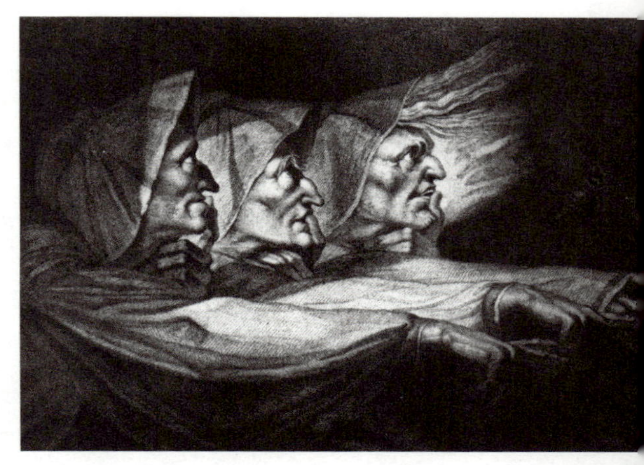

对页上图 | 《爱的考验》

对页下图 | 布歇：《田园恋人》。应路易十五的委托所画。

本页图 | 约翰·亨利希·菲斯利（Johann Heinrich Füssli, 1741—1825）：《女巫》（麦克白）
国家图书馆
巴拉捷（Barathier）的版画，1813年。

5 戈雅

萨德的孤独的悲伤所敞开的难题，不能用一种只是玩弄词语的令人厌烦的努力来解决。唯有性情每每回答了人类生命的终极问题。唯有鲜血的流动回应了克服恐惧的可能性。每当回答在性情的突变中被给出时，那只意味着性情的突变。严格地说，我已从萨德的语言中提取了一个暴力的运动（但萨德的晚年使人认为，死亡临近之际，他陷入了阴沉的倦怠[1]）。

问题没有把一种合理的观看方式同另一种不合理的方式对立起来。它把相互矛盾的神经状态对立起来，那些状态最终只能由镇静剂或补药来疗治……

问题仍在我们身上引起阵阵刺痛。只剩一种可能：用一个消沉恐怖的典范来对抗狂暴的典范。萨德和戈雅（Goya）大约生活在同一时代。[2]萨德，身陷囹圄，有时狂怒

对页图丨菲斯利：《梦魇》
国家图书馆
洛雷德（Laurede）的版画。

1 参见乔治·巴塔耶，《色情》。

2 戈雅比萨德晚六年出生于西班牙，并比萨德晚十四年逝世于法国。1792年，戈雅在波尔多患了彻底的失聪。

至极；戈雅，失聪了三十六年，被困于绝对耳聋的牢笼。法国大革命激起了两人心中的希望：他们都对以宗教为基础的旧制度怀有一种病态的憎恶。但一种对过度痛苦的迷恋特别地把他们统一起来。戈雅没有像萨德那样把痛苦和淫乐相连。然而，他对死亡和痛苦的痴迷包含了一种近乎于情色的痉挛的暴力。但情色在某种意义上是条出路，是恐惧的一个可耻的出口。戈雅的梦魇，如同他的失聪，禁锢了他，以至于从人的角度上，说命运更为残酷地禁锢了萨德或戈雅是不可能的。无疑，萨德在心智失常之际，依旧有人的情感。至于戈雅，他在其版画、素描和绘画中抵达了彻底的精神迷乱（而的确没有违背任何法律；此外，萨德大体上仍有可能处在法律的限度内[1]）。

对页上图 | 戈雅：《老妇》
里尔美术馆

对页下图 | 戈雅：《裸体的马哈》
马德里，普拉多美术馆

1 然而，他只在牢狱和晚年的岁月里，凭借想象，通过叙述，来满足自己。那起给他招致终生监禁的马赛事件，放到今天，就不会有如此严重的后果。

本页上图 | 戈雅：《坦塔罗斯》（“随想曲”）
国家图书馆

本页下图 | 戈雅：《婚姻的疯狂》
国家图书馆

对页图 | 戈雅：《爱与死》
国家图书馆

151

对页图 | 戈雅：《鞭笞派教徒》
马德里，圣费尔南多

本页上图 | 戈雅：《食人者》
贝桑松美术馆

本页下图 | 戈雅：《斩首》
比利亚贡萨洛收藏
参见勒内·于热（René Huyghe），《同可见者的对话》（*Dialogue avec le visible*, Paris: Flammarion, 1955）。

吉尔·德·莱斯与伊丽莎白·巴托里 6

萨德知道吉尔·德·莱斯（Gilles de Rais）并欣赏他的铁石心肠。如此的铁石心肠乃是最引人注目的东西：“当幼童最终死了的时候，他会拥吻他们……并从中挑出面目最清秀、四肢最健美的孩子，用于观赏，他会残忍地剖开他们的身体，喜悦地查看其内部的器官。”……这些话最终让我丧失了毫不战栗的可能：——“往往……当孩子奄奄一息之际，他会坐到他们的肚子上，心满意足地看着他们这样死去，并同仆人柯西洛和亨希耶一起放声大笑……”最后，为达到极致的兴奋而把自己灌醉的德·莱斯大人，会坠入尸堆。仆人打扫房间，清理血迹……在主人睡着的时候，他们小心翼翼地焚毁一件件衣服，以免，用他们的话说，产生“难闻的气味”[1]。

从希律王到吉尔·德·莱斯

对页图 | 阿尔钦博托（Arcinboldi）：《希律王肖像》
威尼斯，卡尔达佐收藏
该画在卡尔亲王（1563—1627）任波希米亚总督期间属于列支敦士登家族。

1 参见乔治·巴塔耶，《吉尔·德·莱斯案》（*Procès de Gilles de Rais*, Paris: Club français du Livre, 1959）。

如果萨德知道伊丽莎白·巴托里（Erzsébet Báthory）的存在的话，他一定会陷入最猛烈的亢奋。他了解到的巴伐利亚的伊莎贝拉（Isabeau de Bavière）让他狂喜不已；而伊丽莎白·巴托里会让他发出野兽般的嚎叫。我在这本书里谈论此事，并且我只能在泪水的符号下谈论。当我写下这些凄凉的句子时，我的意识，和伊丽莎白·巴托里的名字唤起的迷乱的清醒截然相反。这和悔恨无关，这，也不同于萨德的精神，和欲望的狂暴无关。与之相关的，是让意识（conscience）向人之真正所是的表征敞开。面对这一表征，基督教采取了回避。毫无疑问，人整体上必定总在回避，但人的意识——在高傲和低卑中，既怀着激情，又带着战栗——必须迎接恐惧的巅峰。今天对萨德作品的轻松的阅读并没有改变罪行的数目——哪怕是施虐的罪行——但它让人的本性整个地向一种对自身的意识敞开了！

对页左上图 | 马什库勒：吉尔·德·莱斯的城堡。

对页右上图 | 拉科斯特（沃克吕兹）：萨德侯爵的城堡。（参见第141—144页。）

对页下图 | 伊丽莎白·巴托里及其城堡。

本页图 | 席里柯（Géricault）：《丽达》

对页图 | 普吕东（P. P. Prud'hon）：《弗罗辛与梅里多》（*Phrosine et Mélidore*）卷首插画。收于贝纳尔（P. J. Bernard）的《作品集》（*CEuvres*），1797年。

普吕东（1758—1823）的蚀刻版画，由罗歇（Roger）用一把刻刀完成。

现代世界的演变 7

显然，除了意识，别无出路。这本书，对作者而言，只有一个意义：它敞开了对自身的意识！

萨德和戈雅之后的时代失去了这些险峻的方面。它标志着一个从此无人攀登的巅峰。但声称人的本性终于变得温和起来，还为时过早。后来的战争没有给出这方面的任何证据……然而，事实上，从吉尔·德·莱斯到萨德侯爵——前者从不表明他的原则，后者表明了他的原则，却从不真正地付诸行动——我们目睹了暴力的没落。吉尔·德·莱斯在他的堡垒中，折磨并杀害了几十个，甚至几百个孩童……一个多世纪后，一位名门贵妇，伊丽莎白·巴托里，在匈牙利古堡高墙的庇护下，处死了她年轻的女仆，随后又对年轻的贵族女孩下手。她的手法无比残忍……19世纪理应没有那么暴力。20世纪的战争的确给人一种狂暴加剧了的印象。但不管有多么恐怖，这狂暴都得到了度量：它成了在惩戒中得以美化的丑行！

对页图 | 安格尔（Ingres）：《朱庇特与忒提斯》（细节）艾克斯

对页图｜德拉克洛瓦:《穿长筒袜的女子》
卢浮宫

本页图｜德拉克洛瓦:《女奴与鹦鹉》
里昂博物馆

Les Larmes d'Éros 爱神之泪

本页图｜德拉克洛瓦：《萨丹纳帕路斯之死》（第166、167页：细节）
卢浮宫

本页图 | 对页图 | 德拉克洛瓦：
《萨丹纳帕路斯之死》（细节）

不断升级的战争的残酷，惩戒的令人窒息，压缩了可耻放纵的空间，减少了战争曾赋予胜者的那慰藉的成分。相反，大屠杀又添加了腐烂的恐怖，集中营之颓丧的恐怖。恐怖断然获得了一种消沉的意义：这个世纪的战争是机械化的战争，战争变得衰老了。世界最终听命于理性。甚至在战争中，劳作也成为原则，成为其根本的律法。

本页图 | 马奈:《奥林匹亚》
（蚀刻版画）
国家图书馆

但就劳作回避了暴力而言，它凭借意识获得了它在盲目的野蛮中失去的东西。这一新的方向在绘画中得到了格外忠实的反映。绘画逃脱了理想主义的停滞。即便在精确性面前，在真实的世界面前，它拥有种种自由，但它仍想要首先摧毁理想主义。情色有可能在某种意义上与劳作背道而驰。但这样的对立绝非必不可少。今天威胁到人的东西根本不是物质的享乐。物质的享乐原则上和财富的积累相悖。但财富的积累——至少部分地——和我们有资格从中期盼的享乐相左。财富的积累导致了过度生产，而过度生产的唯一后果就是战争。我没有说情色是应对贫困之威胁——它和财富的不合理积累有关——的唯一救治手段。根本不是。但若不考虑和战争相对立的各种消耗之可能——情色的享乐，作为能量的瞬间消耗，是其中的典型——我们就绝对不会找到一条建立在理性之上的出路。

对页图 | 塞尚：《狂欢》（1864—1868）
巴黎，私人收藏
参见莫里斯·雷纳尔（Maurice Raynal），《塞尚》（*Cézanne*, Skira, 1954）。该作品属于画家的“韦罗内塞”时期。

8 德拉克洛瓦、马奈、德加、居斯塔夫·莫罗和超现实主义者

对页图 | 塞尚:《现代奥林匹亚》（1872—1873？）
卢浮宫

自此，绘画拥有了一种广阔可能性的意义，它在一定程度上，比文学走得更远。不比萨德更远——但萨德，多少年来，几乎不为人知，唯有幸运之人能够读到其流传于世的寥寥无几的印本。

德拉克洛瓦（Delacroix）虽大体上仍忠实于理想主义的绘画原则，但他趋向于一种新的绘画，并在情色的层面上，把他的绘画和死亡的再现联系起来。

马奈（Manet）第一个毅然地同传统的绘画原则决裂，他再现他看到的东西，而不是他理应看到的东西。这一决断使他走向了一种原初的视觉，一种未被既定的惯例扭曲过的生蛮的视觉。马奈的裸体具有一种粗暴性，它既不被令人沮丧的惯例的服装所掩盖，也不被令人压抑的传统的衣物所遮蔽。德加（Degas）在其单版画中描绘的风尘女子也是如此，在那里，不恰当性得到了强调[1]……

1 青年塞尚（Cézanne）沉浸于同样的倾向：他的《奥林匹亚》意图通过一种鲜明的不恰当性而与马奈的同名作品区别开来，但它总体上不比马奈的作品更有说服力（为了回应性魅力的强度，马奈发现了更多的真理，更多的陌异性）。

Degas

对页上图 | 德加:《泰利埃公馆》
国家图书馆

对页下图 | 德加:《泰利埃公馆》。为昂布鲁瓦茨·沃拉尔(Ambroise Vollard)版的莫泊桑作品集所作的单版画。

本页图 | 图卢兹-罗特列克(Toulcuse-Lautrec):《俩朋友》
阿尔比美术馆

居斯塔夫·莫罗（Gustave Moreau）的绘画显然截然不同。其中的一切都是传统的。只有暴力与传统相反：德拉克洛瓦的暴力如此巨大，以至于其画中的传统几乎不掩盖那些符合理想主义原则的形式。但把居斯塔夫·莫罗的形象和情色令人苦恼的裸体联系起来的，不是暴力，而是倒错，是对性的痴迷……

本页图 | 图卢兹-罗特列克：《懒散》
苏黎世，施密茨教授收藏

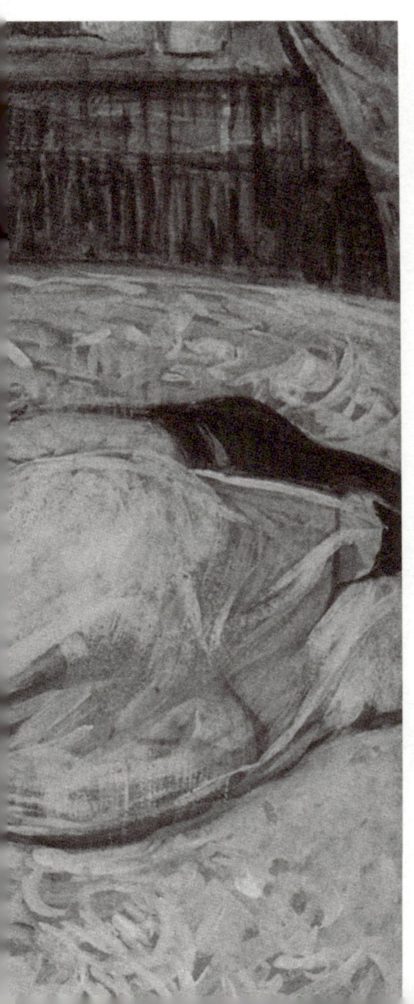

现在，为了总结，我必须谈论超现实主义（surréalisme）绘画，它们，总而言之，代表了今天的样式主义。样式主义？这个词在其使用者心里不再有什么贬损的意义。我只在如下的意义上使用这个词，即它表现了一种紧张的暴力，没有那样的暴力，我们就不能把自己从传统中解放出来。我想用它来表达德拉克洛瓦或马奈的暴力，或表达居斯塔夫·莫罗的狂热。我用它是为了强调一种同古典主义的对立，古典主义总在追求不变的真理：样式主义则是对狂热的追求！

这样的追求，的确，可以为一种本身病态的需要充当借口，那就是引起人们注意的需要：这是一个用情色要花招，忘了其危险真理的人的情形[1]……

今天，没有人会把超现实主义一词局限在安德烈·布勒东用这个名字宣告的那一流派上。然而，我更愿谈论样式主义；我想指出那些画家的根本统一，他们的痴迷流露了狂热：狂热，欲望，燃烧的激情。我对样式

对页图 | 居斯塔夫·莫罗：
《有文身的莎乐美》
巴黎，居斯塔夫·莫罗美术馆

1 我说的是萨尔瓦多·达利（Salvador Dali），在我眼里他的画曾显得激情洋溢，但如今我只看到投机取巧。我相信，画家听任自己陷入其投机取巧的既可笑又热情的古怪了。

主义一词所暗示的投机取巧不屑一顾；如果这个词和欲望有关，那么，它就在那些渴望情感之过度的人的心里了。我谈到的这些画家，其本质的特征是对传统的憎恶。唯有这个让他们爱上了情色的炽热——我的意思是情色散发的让人难以呼吸的炽热……就本质而言，我提到的绘画在沸腾，它是活的……它在燃烧……我无法用评判和分类所要求的那种冷漠来谈论它……

对页图｜居斯塔夫·莫罗：
《朱庇特与塞墨勒》（1896）
巴黎，居斯塔夫·莫罗美术馆

181

本页左图｜居斯塔夫·莫罗：《大利拉》
巴黎，罗贝尔·勒贝尔收藏

本页右图｜奥迪隆·雷东（Odilon Redon）：《心有其为理性所忽视的原因》
巴黎，小皇宫博物馆

对页上图｜居斯塔夫·莫罗：《幻现》

对页下图｜凡·高（Van Gogh）：《裸体》

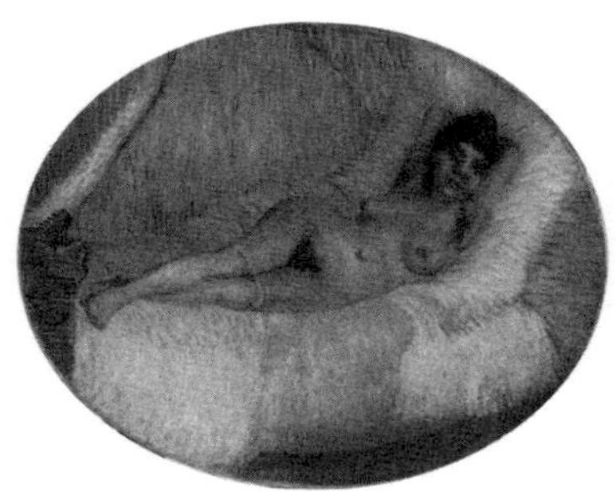

本页图 | 雷诺阿（Renoir）：《马拉美文集》（*Pages*）卷首插图（1891）。

对页上图 | 马蒂斯（Matisse）：《情侣》
国家图书馆

对页下图 | 毕加索：《法翁揭开宁芙的帘幕》（1930—1936）。为“沃拉尔系列”（1937）所作的水彩画。

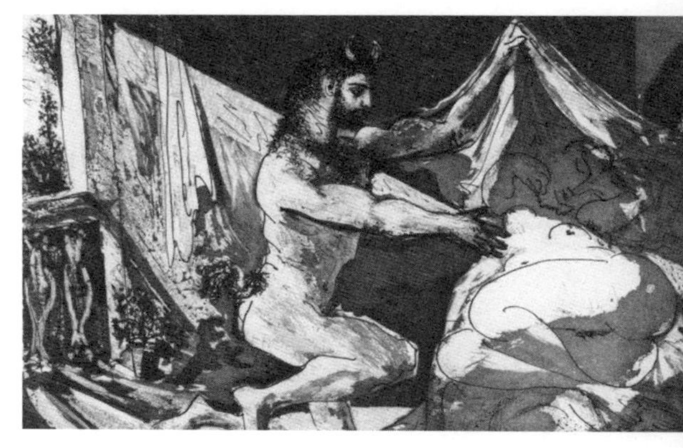

III

权当结论

En Guise de Conclusion

1 迷人的形象

在前两章里，我想表明，一种无限制的情色如何滑向了一种有意识的情色。

从战争的凶猛的暴力到悲剧的再现，这样的转变具有一种没落的意义吗？

战斗是否会——人性地——承担悲剧的重要性？问题最终令人心碎。

首要的运动是摒弃喜剧的重要性……

如果我们用算计来反对无限制的放纵，反对畏惧的缺席，那么，一种降格（déchéance）的感觉就让我们沮丧不已。

然而，正如我们知道的，这样一种可能性的丰富多彩不会轻易地实现。如同复仇——这盘要趁凉吃的菜——对我们的丰富性的眩目而清晰的意识渴望暴力的缓减，渴望激情的相对冷淡。人只用两步就抵达了其可能性的尽头。第一步属于放纵，但第二步属于意识。我们不得不评估我们在意识中失去了什么，但首先，我们必须察觉，在这种禁锢我们的人性限度内，意识的清醒意味着冷静。和意识相连，我们度量不可避免的降

巴勃罗·鲁伊斯·毕加索（Pablo Ruiz Picasso），1881年出生于马拉加，1901年起生活在法国。［乔治·里贝蒙-德赛涅（Georges Ribémont-Dessaignes）写道："关于毕加索，人们说不出一句准确的话。"］但我们会说，戈麦斯·德·拉·塞尔纳（Gomez de la Serna）已把他命名为"绘画的斗牛士"。的确，自幼年起，他就生活在斗牛的氛围里［参见罗兰·潘罗斯(Roland Penrose)，《毕加索：其人其作》（*Picasso, His Life and Work*, London, 1958）］，而斗牛占据了其生命的一个核心位置［正如其素描以及让·德维耶(Jean Desvilles)的影片《毕加索，斗牛士的谣曲》（*Picasso, romancero du Picador*）表明的］。

对页上图｜毕加索：《斗牛士与姑娘》
路易丝·莱里斯画廊

对页下图｜毕加索：《情侣》
路易丝·莱里斯画廊

本页图｜毕加索：《半人马涅索斯》（银尖笔绘画，1920年）
路易丝·莱里斯画廊

格……如下的原则同样正确：我们无法在人和意识之间做出区分……

无有意识者不成其为人。

马克斯·恩斯特（Max Ernst），1891年出生于雷诺尼亚的布吕尔，战前开始作画。停战后，他参与了达达运动，该运动发源于1916年的苏黎世。1920年起，他在巴黎举办画展，并于1922年移居那里。1924年，他参与开创了超现实主义运动。1941年，他经历重重困难离开他所生活的法国，前往美国。他在美国一直待到了1949年。1946年，他娶美国人多萝西娅·坦宁（Dorothea Tanning）为妻，后者也是一位画家。1954年，他在威尼斯双年展上获奖，这既赋予他荣耀，也使得他从超现实主义团体中被驱逐出去（超现实主义团体因对一些画家的驱逐而逐渐地瓦解，但那些画家在超现实主义内部仍然重要）。

参见马克斯·恩斯特，《超越绘画》（*Beyond Painting*, New York, 1948）［该书还含有伯纳德·卡佩尔(Bernard Karpel)提供的一份作品目录。］；以及《马克斯·恩斯特》（*Max Ernst*, Paris, 1959）［1959年欧洲回顾展的画册，加布里埃尔·维耶纳（Gabriel Vienne）编撰，让·卡苏（Jean Cassou）作序，马克斯·恩斯特提供作品目录的说明］。

帕特里克·瓦尔德伯格（Patrick Waldberg），《马克斯·恩斯特》（*Max Ernst*, Paris: J. J. Pauvert, 1958）。

让·德维耶，《一周的善意或七个首要因素》（*Une Semaine de bonté ou les sept éléments capitaux*），1961年，根据马克斯·恩斯特的小说改编的影片。

参见《性学辞典》（*Dictionnaire de Sexologie*, Paris: J. J. Pauvert, 1962）。

对页图｜马克斯·恩斯特：《命运女神的女儿们》

洛杉矶，多丽丝·斯塔雷尔斯夫人收藏

本页图｜马克斯·恩斯特：《少女麦瑟琳娜》

参见帕特里克·瓦尔德伯格，《马克斯·恩斯特》。

我们必须为这首要的必要性腾出位置。只有穿越时间的曲径，我们才能存在，我们才能人性地活着：只有时间的整体构成并完成了人的生命。意识在本源上是脆弱的——因为激情的暴力；随后，由于激情的暂息，它才稍稍显露。我们不能蔑视暴力，也不能嘲笑它的暂息。

一个确切时刻的意义能够在一下子显现吗？毋庸多言，只有各时刻的接替才能够变得清晰。一个时刻，只有相对于诸时刻的整体，才有意义。如果不把这些碎片同其他的碎片联系起来，我们在每一瞬间只是丧失了意义的碎片而已。我们如何指涉那完成了的整体呢？

对页图 | 安德烈 • 马松：《屠杀》（1933）

暂且，我能做的一切，就是为我已经提出的东西，补充一个新的视野，并且，如果可能的话，补充一个最终的视野。

我会让自己陷入一个整体，该整体的内聚力终将对我显现……

此运动的原则是：一种仅仅意识到其直接经验的清晰的意识是不可能的。

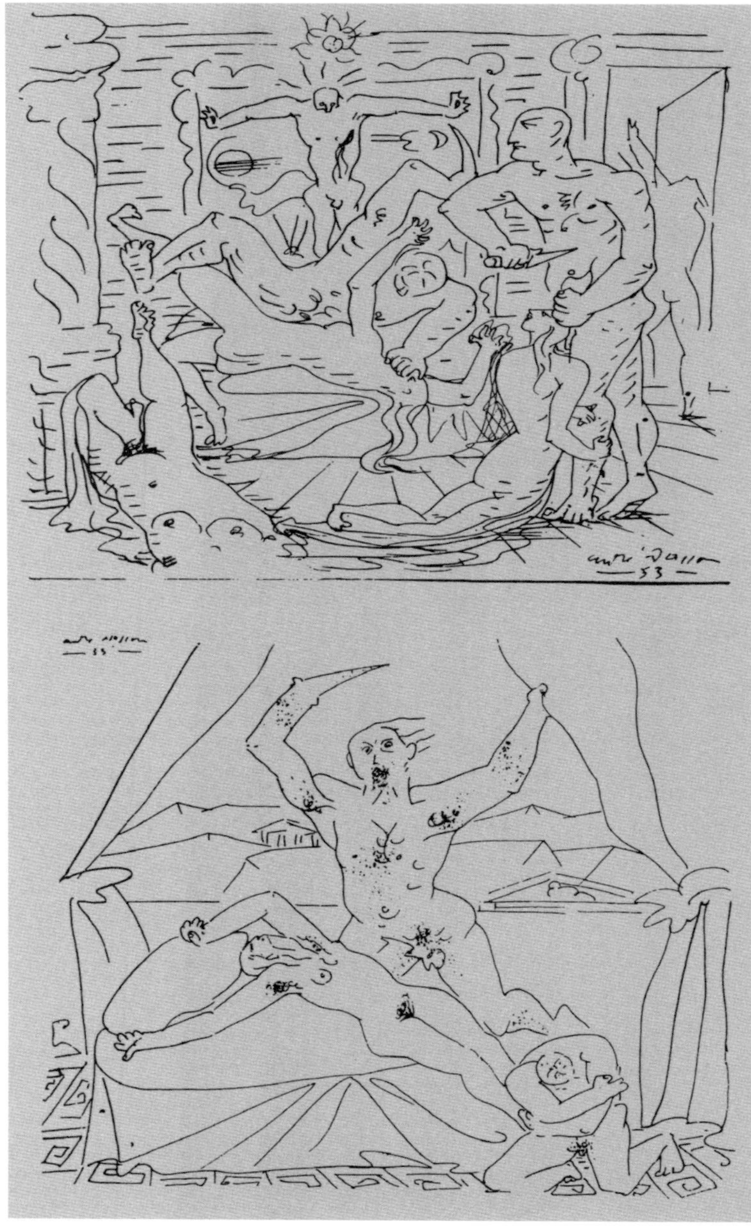

安德烈·马松（André Masson），1896年出生于法兰西岛的巴拉尼。他最早在布鲁塞尔的皇家学院学习绘画，后转投巴黎的美术学校。他以步兵战士的身份参与了战争。“他归来后，肉体和神经都受到了此次经历的深刻影响。”“战争结束后不久，马松的首批情色素描和水彩，作为那生命之爱的自由表达……就奠定了其作品的一贯基调。”安德烈·马松令人印象深刻的情色和威廉·布莱克（William Blake）的情色有很大的亲缘关系。马松还是萨德的狂热崇拜者。他曾于1948年，在旺多姆画廊举办素描展，并取了一个意味深长的标题：“情色大陆”。马松无疑是情色那深刻而令人不安的宗教价值的最佳典型之一。

参见米歇尔·莱里斯，《一份传记的要素》（“Elément pour une biographie”），收于《安德烈·马松》（*André Masson*），这是画家的几位朋友合著的文集，出版于1940年4月15日；亦见帕斯卡尔·皮亚（Pascal Pia），《安德烈·马松》（*André Masson*, N. R. F., 1930）；以及米歇尔·莱里斯和乔治·兰布尔（Georges Limbour），《安德烈·马松及其作品》（*André Masson et son œuvre*, Geneva, 1947）。

对页图｜安德烈·马松:《献给波莉娜·博尔盖泽的扶手椅》

本页上图｜安德烈·马松:《节庆》

路易丝·莱里斯画廊

本页下图｜安德烈·马松:《祈祷的螳螂》

路易丝·莱里斯画廊

对页图 | 安德烈·马松:《被诅咒的女人们》(1922)
路易丝·莱里斯画廊

本页图 | 安德烈·马松:《莱斯沃斯》(1922)
路易丝·莱里斯画廊

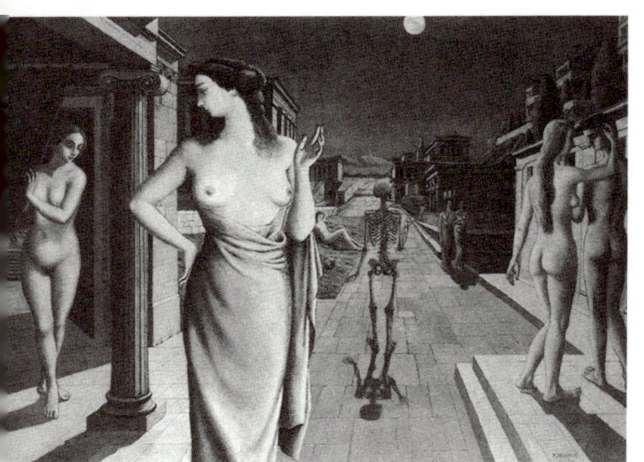

保罗·德尔沃(Paul Delvaux),1897年出生于比利时的昂泰。在一个短暂的时期过后,“他朝一个与超现实主义平行的方向发展,但未加入超现实主义团体”。1939年至1944年间的两次意大利之旅催生了色彩和透视上的新实验。1945年,亨利·斯托克(Henri Stock)拍摄了一部关于保罗·德尔沃的影片,由勒内·米夏(René Micha)编剧,附有保尔·艾吕雅(Paul Eluard)的评论。

参见亨利·斯托克的影片《保罗·德尔沃的世界》(*Le Monde de Paul Delvaux*, 1945);以及克洛德·斯帕克(Claude Spaak),《保罗·德尔沃》(*Paul Delvaux*, Anvers, 1948),法语和弗拉芒语;以及[保尔·艾吕雅],《保罗·德尔沃》(*Paul Delvaux*, Paris, 1948),勒内·德鲁安(René Drouin)编。

本页图|保罗·德尔沃:《月城》(1944)

纽约,亚历克斯·萨尔金收藏

对页图|保罗·德尔沃:《粉红色的蝴蝶结》(1936)

巴黎,克洛德·斯帕克收藏

Les Larmes d'Éros 爱神之泪

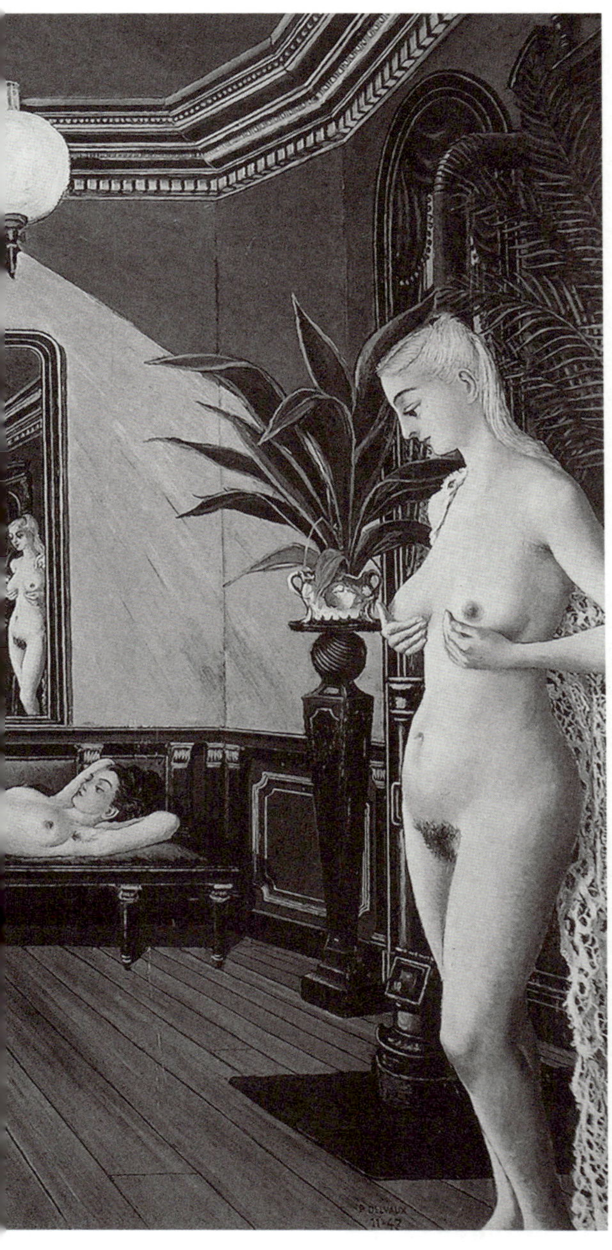

本页图｜保罗·德尔沃：《暗夜的火车》（1947）

勒内·马格里特(René Magritte),1898年出生于比利时的莱西讷。1926年,他同一些比利时朋友一起支持超现实主义,超现实主义表达了其绘画的深刻意义,也就是诗。如果他的情色是至尊的,那是就其情色是诗而言。没有了诗,情色就得不到彻底的揭示。

本页图|勒内·马格里特:《奥林匹亚》(1947)

对页图|汉斯·贝尔默(Hans Bellmer):《玩偶》

参见汉斯·贝尔默,《玩偶的眼睛》(*Les yeux de la poupée*),配有保尔·艾吕雅的文本。该作品汇编于1936年至1938年,于1949年完成并在巴黎出版;汉斯·贝尔默,《1939—1950年的21件复制品》(*21 reproductions 1939-1950*, Paris, 1950)。

参见《性学辞典》。

黑夜以它的方式散发光芒,从眼睛到心脏。黑夜取消了感官,唯一的纯粹空间。

——保尔·艾吕雅

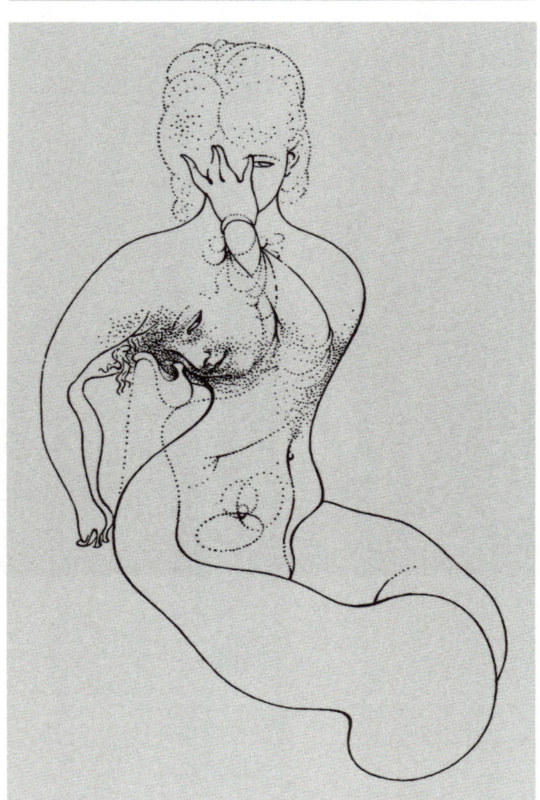

本页图 | 汉斯·贝尔默的两幅素描。
参见《图像的解剖》(*Anatomie de l'Image*),“含混之地”,1957年。

对页图 | 汉斯·贝尔默:《致萨德》
(纽约,1947年)
派翠西亚·埃乔伦收藏

巴尔蒂斯（Balthus），本名巴尔塔扎·克罗索夫斯基（Balthazar Klossowski），1908年出生于巴黎。其1934年的首个画展就获得了极大的认可。1939年，他应征入伍，并在阿尔萨斯之战的头几天负伤。巴尔蒂斯的画作为数不多，并且，他虽算是最“现代”的画家，但没有什么能够把他的画作与传统画家的作品绝对地区别开来。最近，他被任命为罗马的美第奇别墅的主管。

本页上图|巴尔蒂斯：《房间》（1952—1954）
巴黎，亨利耶特·格梅斯画廊

本页下图|巴尔蒂斯：《吉他课》（1934）

对页图|巴尔蒂斯：《梦》（1955—1956）
巴黎，亨利耶特·格梅斯画廊

Les Larmes d'Éros 爱神之泪

莱昂诺尔·菲尼（Léonor Fini）的父亲是阿根廷人，母亲是瑞士人。他们的先辈是西班牙人、威尼斯人、斯拉夫人、德国人和那不勒斯人。

参见马塞尔·布里翁（Marcel Brion），《莱昂诺尔·菲尼及其作品》（*Léonor Fini et son œuvre*, Paris: J. J. Pauvert, 1955）。

关于莱昂诺尔·菲尼，让·热内（Jean Genet）写道［《致莱昂诺尔·菲尼的信》（*Lettre à Léonor Fini*, Paris, 1950）］："如果我没从作品及其构成中发现这样的东西（不是我所走向的东西——不是那将唯独地属于我的东西——而是这些在葬礼的壮观场面中破碎了的同样的绝望元素），我会对它充满如此的激情吗？"

对页图｜莱昂诺尔·菲尼：《解剖的天使》（1950）

（绘画的第一阶段）

本页图｜莱昂诺尔·菲尼：《房间》（1941）

本页图｜莱昂诺尔·菲尼：《友谊》（1957）

参见奥尔内利亚·沃尔达（Ornelia Volta），《吸血鬼、死亡、鲜血和恐惧》（*Le Vampire, la mort, le sang, la peur*, Paris: J. J. Pauvert, 1962）。

对页图｜莱昂诺尔·菲尼：《无条件的爱》（1959）

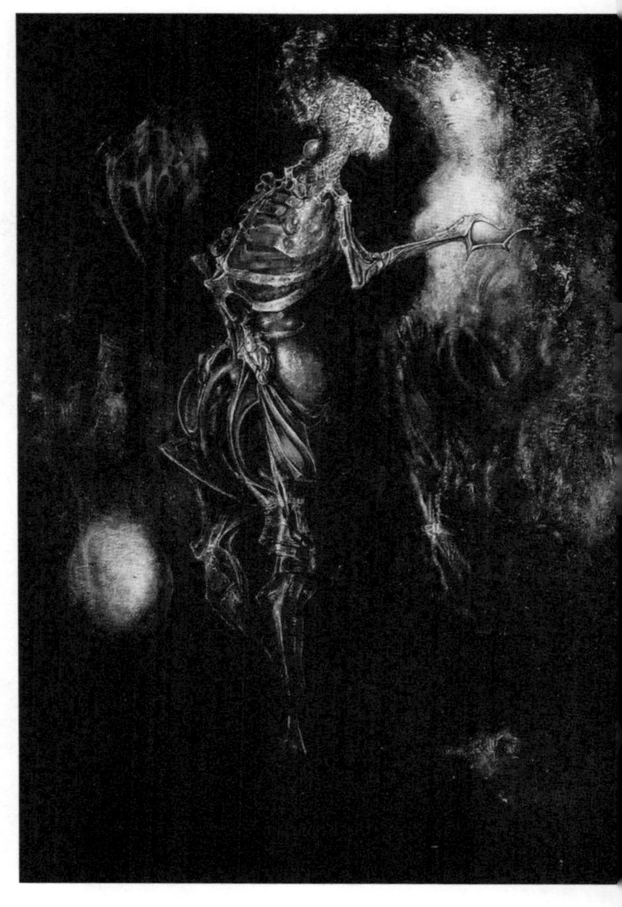

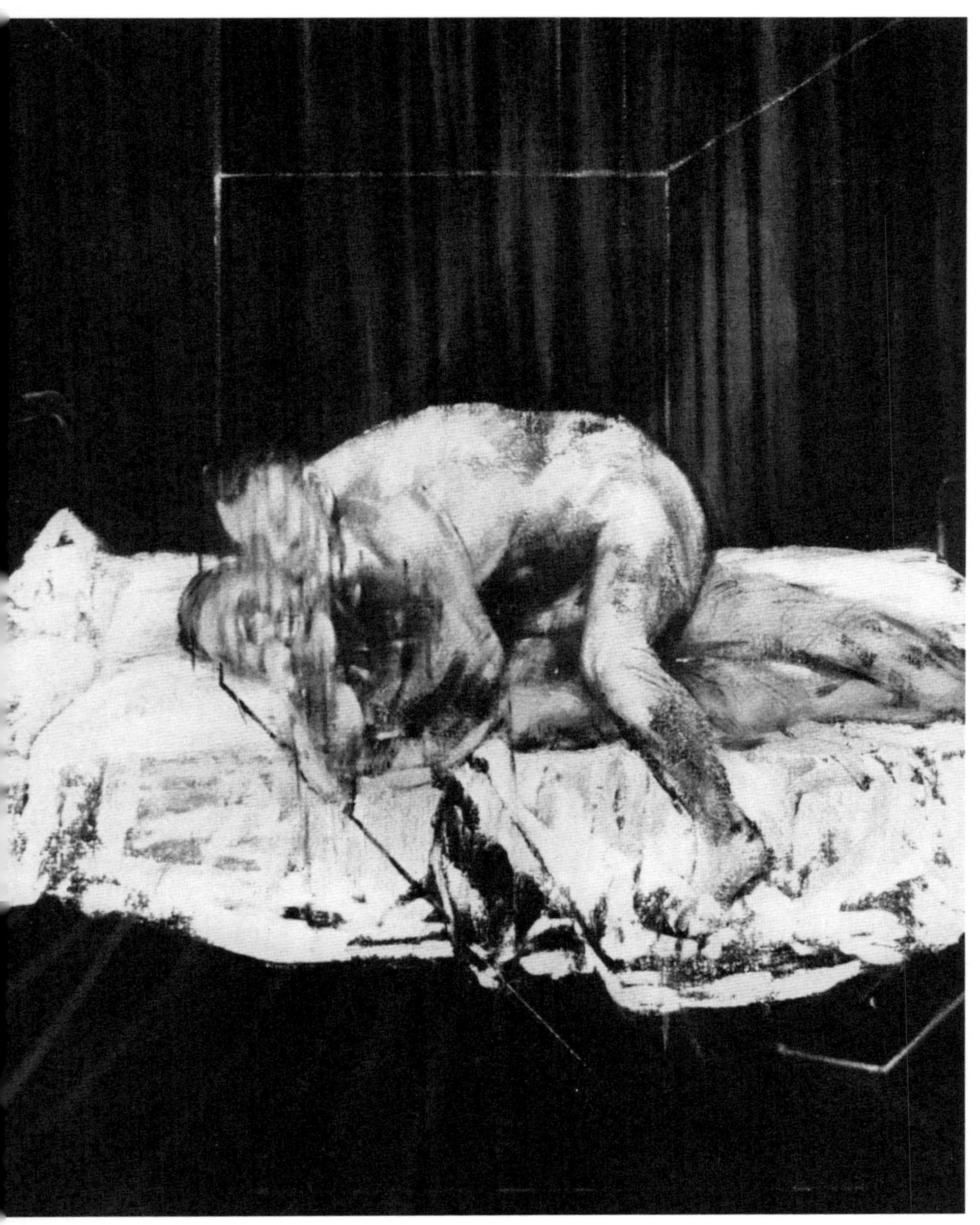

Les Larmes d'Éros 爱神之泪

弗朗西斯·培根(Francis Bacon),一位年轻的英国画家,并且是其同代人中最为重要的画家之一,其崭露头角的画作凸显了一种粗野的特点。

对页图|弗朗西斯·培根:《房间》
伦敦,汉诺威画廊

本页图|勒内·马格里特:《智者的狂欢节》(1947)
布鲁塞尔,罗贝尔·德·凯恩收藏

菲利克斯·拉比斯(Félix Labisse),1905年出生于杜埃,1927年起生活于巴黎和比利时海岸(勒祖特的奥斯坦德),1931年起为剧场制作布景和服装。1947年,他成为阿仑·雷乃(Alain Resnais)在艺术家画室内拍摄的一部影片的主角。

参见纳尼·贝泰-加耶(Nane Bettex-Cailler)编纂的档案,《菲利克斯·拉比斯》(*Félix Labisse*, Geneva, 1958);以及《菲利克斯·拉比斯》(*Félix Labisse*, Bruxelles, 1960)。

对页图|菲利克斯·拉比斯:《浪女》(1943)

皮埃尔·布拉瑟尔收藏

卡普莱蒂（Capuletti），1925年出生于巴利亚多利德；他有遥远的意大利血统，但他生活在巴黎。1946年起，他为芭蕾舞团制作布景和服装。其作品曾在纽约、旧金山和巴黎展出。评论界把他和超现实主义者联系起来。

参见洛·迪卡（Lo Duca），《卡普莱蒂》（*Capuletti*, Paris, 1960），插图87，图版17，在此标题下。

对页图 | 卡普莱蒂：《达那伊得斯之瓶*》

*达那伊得斯：达那俄斯的五十个女儿的总称，除了一个名叫许珀耳涅斯特拉的女儿外，她们都在新婚之夜按父亲的要求刺杀了自己的丈夫，从而被判在地狱里给一个漏桶倒满水。

多萝西娅·坦宁，出生于盖尔斯堡（伊利诺伊州）；在一个看似传统（就像巴尔蒂斯的艺术是“传统的”那样）的时期过后，她的绘画达到了一种深刻的抽象，将其根本的情色完好地保留下来。

本页图 | 多萝西娅·坦宁：《沉睡的女子》（1953）

对页图 | 多萝西娅·坦宁：《电压》

我在我的反思中提出，我要停留于一些我只是通过摄影才认识到的近乎当代的形象。我所讨论的两个人物对他们正在亲历的时刻几乎没有什么意识。第一个人是一位巫毒（vaudou）献祭者。第二个人是一位中国受刑者，他所受的酷刑显然只能以死亡告终……

我为我自己设立的游戏，就是仔细地再现当镜头把他们的图像固定在玻璃或胶片上时，他们亲历了什么。

对页图 | 菲利克斯·拉比斯：《诗意的清晨》（1944）
左起：萨德（背影）、让-路易·巴劳尔（Jean-Louis Barrault）、雅里（Jarry）、威廉·布莱克、阿波利奈尔（Apollinaire）、拉比斯、毕加索、罗贝尔·德斯诺（Robert Desnos）。
让·博尔收藏

皮埃尔·克罗索夫斯基（Pierre Klossowski），1905年出生于巴黎，他是巴尔蒂斯的哥哥（参见第206页）。他首先是以作家的身份成名。著有《萨德，我的邻居》（*Sade, mon prochain*, Paris: Seuil, 1947），小说《被悬置的天职》（*La vocation suspendue*, Paris: Gallimard, 1947），《洛贝特，今夜》（*Roberte ce soir*, Paris: Minuit, 1953），《狄安娜之浴》（*Le Baine de Diane*, Paris: J. J. Pauvert, 1956），《〈南特赦令〉的撤消》（*La révocation de l'Édit de Nantes*, Paris: Minuit, 1959），《提词者或社会戏剧》（*Le Souffleur, ou Le théâtre de société*, Paris: J. J. Pauvert, 1960）。

对页图 | 皮埃尔·克罗索夫斯基：《狄安娜与阿克特翁》

本页及对页图｜皮埃尔·克罗索夫斯基：为《洛贝特，今夜》所作的素描。

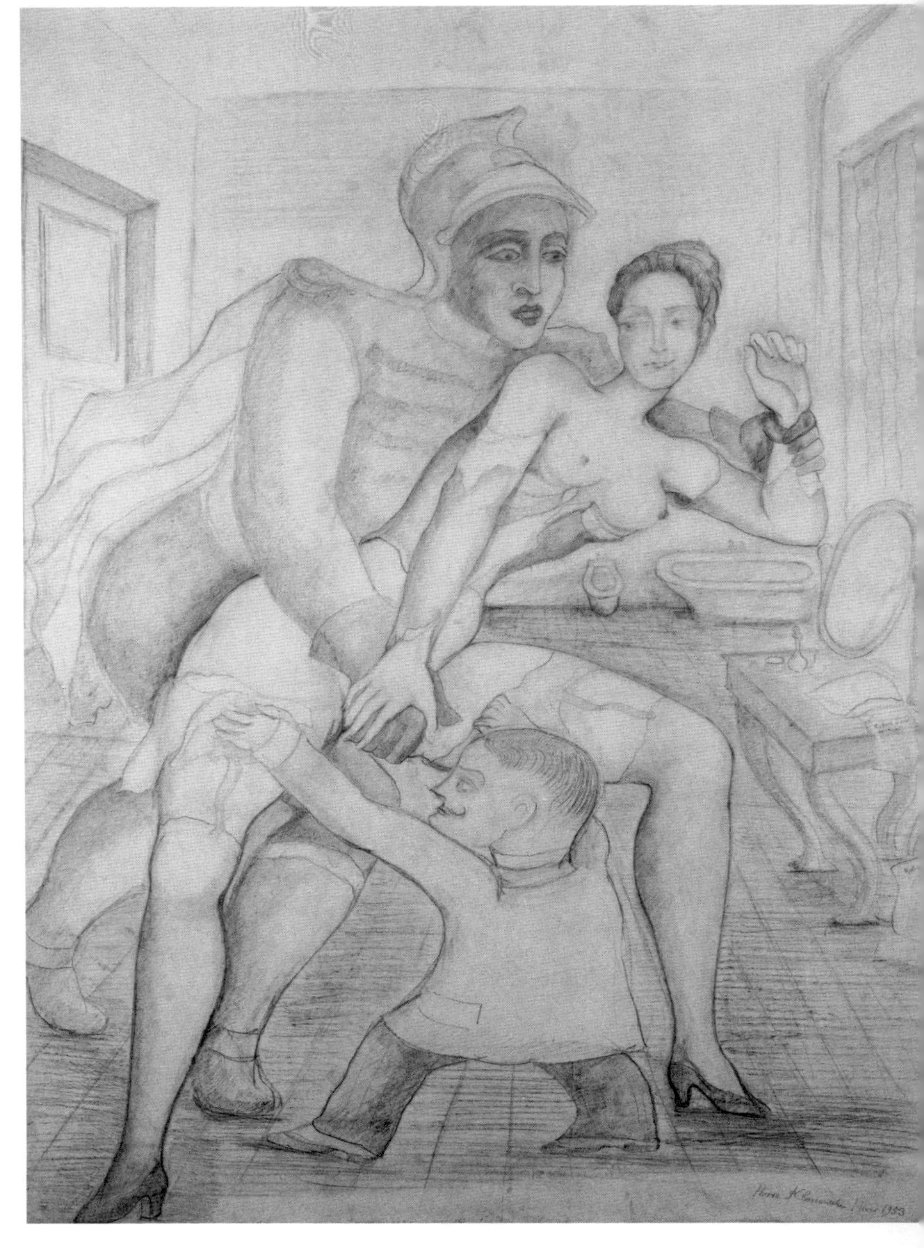

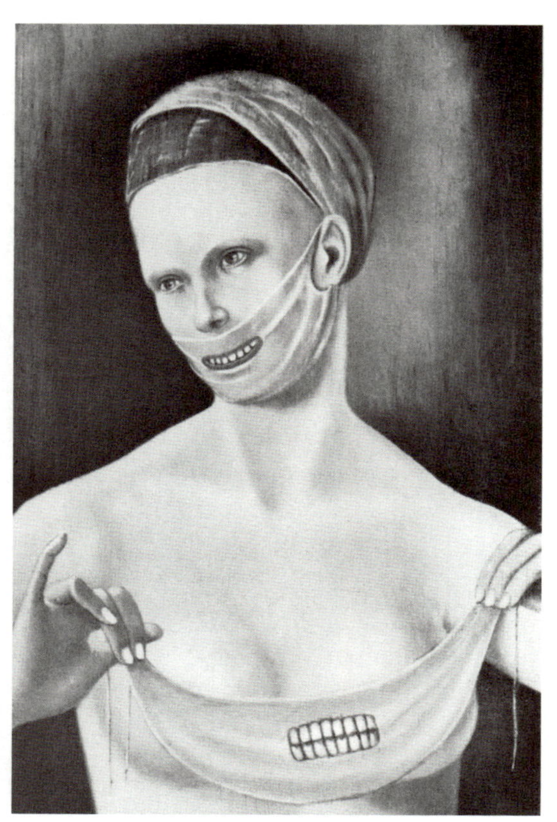

本页图 | 雷普利（Lepri）：《嘴巴与真理》（1955）

参见阿兰·茹弗鲁瓦（Alain Jouffroy），《雷普利的暗室》（*La chambre noire de Lepri*, Milan: della Conchiglia, 1956）。

克洛维·特鲁耶（Clovis Trouille），1889年出生于埃纳，他是那代人里最怪异的画家之一。他曾长期在一家为格雷万博物馆提供蜡像的工厂里工作。参见《性学辞典》；以及洛·迪卡，《克洛维·特鲁耶展览画册序言》（*Préface au Catalogue de l'Exposition Clovis Trouille*, Paris: Galerie Raymond Cordier, 1963）。

对页图 | 克洛维·特鲁耶：《坟墓》（原题：《萨德》）

CLOVIS

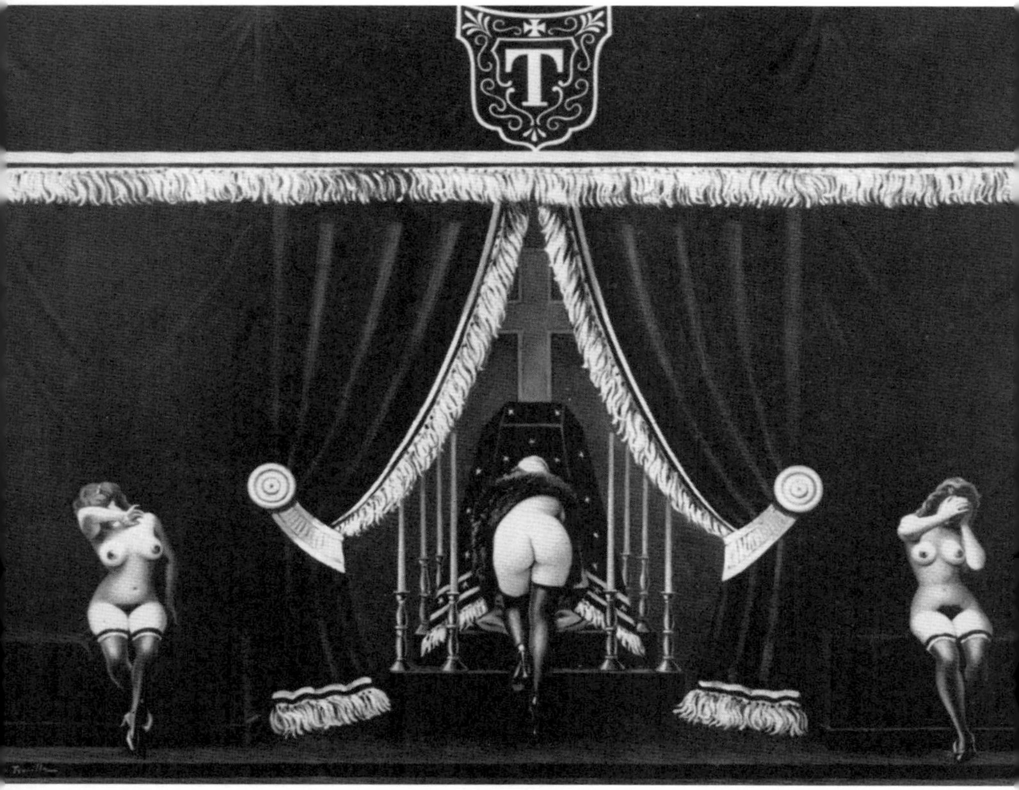

Les Larmes d'Éros 爱神之泪

2 巫毒献祭

巫毒的献祭者体验到的是一种迷狂。一种在一定程度上堪比沉醉的迷狂。一种通过杀死鸟类实现的迷狂。面对这些极其美丽的摄影，我不会补充什么，它们出自当今最不寻常的——也是最负盛名的——摄影师之手。我只能说，当我们怀着激情注视它们时，我们就踏入了一个距我们自己的世界尽可能遥远的世界。

那就是血祭的世界。

血祭贯穿了时间，让人睁开双眼凝望一个和日常现实没有任何共通之处的超凡现实，那现实在宗教世界里获得了一个奇怪的名字：神圣者。对这个词，我们给不出什么合理的定义。但我们中的某些人能够想象（或试着想象）神圣意味着什么。无疑，本书的这类读者，在面对这些摄影时，会努力把那个意义和献祭的血淋淋的现实——献祭中动物之死的血淋淋的现实——呈现给其双眼的图像联系起来。和图像联系起来……或许是和一种不安的感受联系起来：在那里，令人眩晕的恐怖和迷醉一起到来……在那

对页图 | 克洛维·特鲁耶：《第一流》

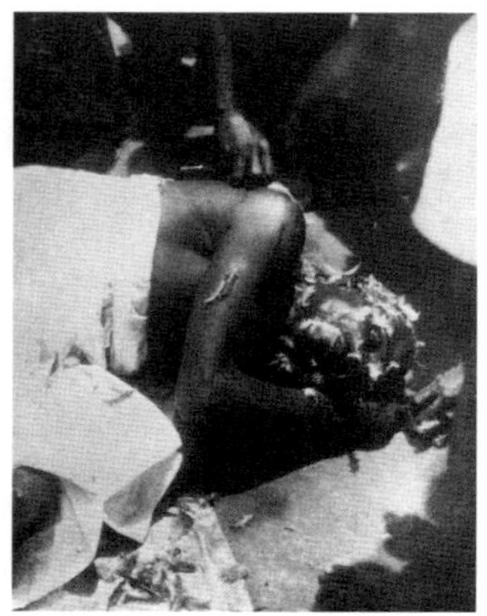

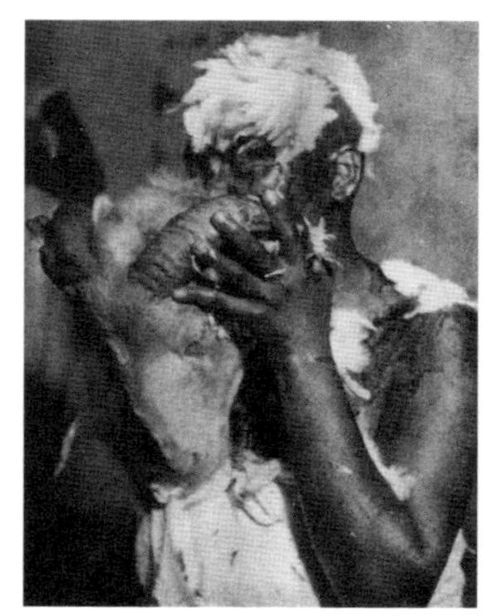

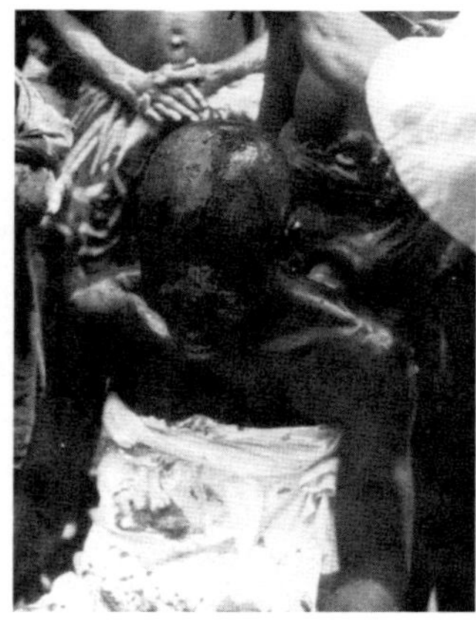

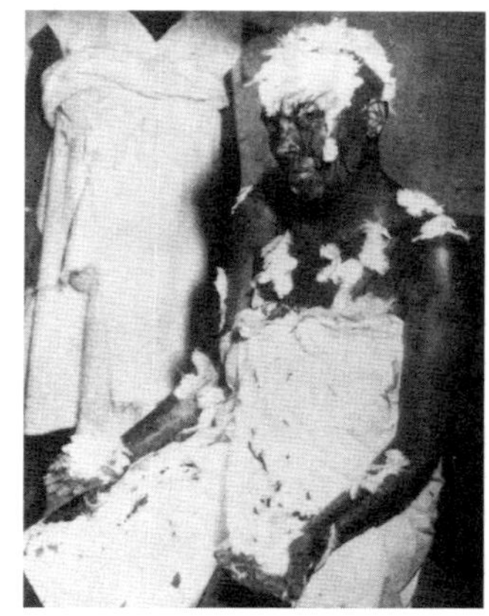

里，死亡本身的现实，死亡的突如其来的现实，拥有了一种比生命更加沉重的意义，更加沉重……也更加冰冷。

对页图 | 这些摄影记录了现今在美洲的某些地区实践的巫毒仪式，它是在黑人奴隶中发展起来的。对这些来自非洲的美洲人的宗教精确而生动的描述，可在我们时代最好的民族志学者之一阿尔弗雷德·梅特罗（Alfred Métraux）极其美妙的著作《巫毒》（*Le Vaudoo*, Paris: Gallimard, 1955）中找到。作者为了更好地了解它而亲自参与了巫毒仪式，这样的描述因而显得愈发生动。

中国酷刑 3

据我所知，在晚清之北京的一场处决中，多次拍摄下来的受刑者的直白图像所唤起的世界，是我们凭摄影图像进入的世界中最痛苦的一个。这里展示的酷刑叫千刀万剐，适用于罪大恶极者。乔治·杜马（Georges Dumas）1923年的《心理学论文集》（*Traité de psychologie*）收录了其中的一个镜头。但作者误以为它拍摄于更早的时候，并把它当作毛骨悚然的一个例子：头发直立的时刻！我曾得知，为了延长酷刑，受刑者会服用鸦片。杜马强调受害者的表情具有一种迷狂的样子。当然，他的表情中还有某种不可否认的东西，无疑，至少部分地和鸦片有关，这增大了摄影图像的令人痛苦之处。我从1925年起便拥有了其中的一张照片。它是波雷尔（Borel）医生，法国最早的精神分析家之一赠予我的。这张照片在我生命中发挥了决定性的作用。我从未停止对这既令人迷狂（？）又难以忍受的痛苦图像的痴恋。我在想萨德侯爵会怎么看待这幅图像，他梦想酷刑，却无法得到，从未真正地

对页图 | 这些镜头曾由杜马和卡尔波（Carpeaux）部分地公开过。卡尔波声称自己于1905年4月10日目睹了酷刑。1905年3月25日的《晨报》（*Cheng-Pao*）发布了以下圣谕："蒙古诸公请旨，福朱力弑郡王勒恩札拉诺赞，罪当活焚，然圣上觉此刑酷甚，判以凌迟。钦此！"这种酷刑可追溯至清朝。

参见乔治·杜马，《心理学论文集》（*Traité de psychologie*, Paris, 1923）；以及路易·卡尔波，《远去的北京》（*Pékin qui s'en va*, Paris, 1913），马卢瓦尼（A. Maloine）编。

亲历过。这图像，以一种或另一种方式，不断地在他的眼前浮现。但萨德会想要独自一人看它，至少是在相对的孤独中看它：没有孤独，迷狂和淫乐的结果便不可想象。

后来，1938年，一位朋友向我传授瑜伽。正是那个时候，我在这图像的暴力中，觉察到了一种无限反转的价值。从这样的暴力出发——直至今天，我都无法想象一种更加疯狂、更加可怕的形式——我遭受如此的震惊，以至于抵达了迷狂。在此，我的目的是表明宗教迷狂和情色——尤其是施虐狂——之间的一种根本联系。从最难以启齿的东西到最崇高的东西。本书并不在绝大多数人有限的体验内写成。

我无法怀疑这点……

我突然看到的东西，那将我囚禁于苦恼——但同时又把我从中释放出来——的东西，就是这些把神性的迷狂和极端的恐怖对立起来的完美矛盾的同一。

对页图 | 阿兹特克的活人献祭，1500年前后。
《梵蒂冈抄本》(*Codex Vaticanus*)，页面编码54

这，在我看来，就是情色史的不可避免的结论。但我应当补充：限于其自身的领域，情色从来都不能实现那在宗教情色中给

一种恐怖的传统……

出的根本真理，即恐怖和宗教的同一。宗教总体上以献祭为基础。但只有绕一段无尽的弯路，我们才抵达了这样的瞬间：那时，相互矛盾的方面似乎明显地连接了起来；那时，献祭中给出的宗教的恐怖，和情色的深渊，和唯有情色方能照亮的最终的啜泣，连接了起来。

“一些艺术家已在描绘基督徒的殉道或类似的场景时，表达了施虐受虐的倾向；潜在的施虐倾向的决定性影响恰恰促使他们寻求这样的场景……”参见佩歇（E. Pesch），《情感心理学》（*La psychologie affective*, Paris, 1947）。

本页图｜没砍好：“雅各布，蒙默斯郡的公爵，掉了脑袋。”杨·莱肯（Jan Luiken）的版画（1711）。

亨利·坎维勒收藏

对页图｜布龙齐诺：《维纳斯与丘比特》

伦敦，国家画廊

本页图 | 皮耶罗·迪·科西莫（Piero de Cosimo）：《普罗克里斯之死》
伦敦，国家画廊

对页左下图 | 以卡拉什（Carrache，1560—1609）的挂毯为原型的版画：《丽达》

对页右下图 | 锡耶纳的巴尔纳（Barna de Sienne）：《屠杀无辜者》
参见第155页，阿尔钦博托的《希律王肖像》。
圣吉米尼亚诺，大学教堂

本页上图|安德烈·马松:《情色的圣殿》(1940)

本页下图|萨尔维亚蒂的素描:《普里阿普斯的凯旋》

译名对照表

A

ABATE, Niccolò dell' 尼科洛·德尔·阿巴特

Adam et Eve 《亚当与夏娃》

Adonis 阿多尼斯

Afrique 非洲

ALIGHIERI, Dante 但丁·阿利吉耶里

Allemagne 德国

Altamira 阿尔塔米拉

Amérique 美洲

Anatomie de l'Image 《图像的解剖》

ANGÈLE DE FOLIGNO 福利尼奥的安吉拉

animalité 动物性

Anthropologie《人类学》

Anthropos《人类》

APOLLINAIRE 阿波利奈尔

ARÉTIN 阿雷蒂诺

ARCINBOLDI 阿尔钦博托

Ariane 阿里阿德涅

art (naissance de l') 艺术（的诞生）

AUBREY, Mary 玛丽·奥布里

aurignacienne (époque) 奥瑞纳（时期）

aztèque 阿兹特克人

B

BABELON, J. 巴伯隆

bacchanale 酒神节

Bacchante 酒神女祭司

BACON, Francis 弗朗西斯·培根

BALDUNG, GRIEN 巴尔东·格里恩

BALTHUS 巴尔蒂斯

BARNA 巴尔纳

BARRAULT, J.-L. 巴劳尔

BARTOLOZZI, F. 巴尔托洛齐

BATAILLE, G. 巴塔耶

BATHORY, E. 巴托里

BÉGOUËN, H. 贝古昂

Belgique 比利时

BELLMER, Hans 汉斯·贝尔默

BERNARD, P.-J. 贝尔纳

BERNARD, Th. 泰奥多尔·贝尔纳

BÉTIRAC, B. 贝蒂哈克

BETTEX-CAILLER, N. 贝泰–加耶

Bible 《圣经》

Blake, W. 布莱克

Bohême 波希米亚

Bordeaux 波尔多

BOREL, Dr. 波雷尔

BOUCHER 布歇

BOUTS, Thierry 蒂埃里·布茨

Brassempouy 布拉桑普伊

BRETON, A. 布勒东

BREUIL, Abbé H. 布勒伊神父

BRION, Marcel 马塞尔·布里翁

BRONZINO 布龙齐诺

BUSCHOR, E. 布绍尔

C

Cannibales (*Les*) 《食人者》

« Les Caprices » 《随想曲》

CAPULETTI, J.-M. 卡普莱蒂

CARON, A. 卡隆

CARPACCIO 卡巴乔

CARPEAUX 卡尔波

CARRACHE 卡拉什

CASSOU, Jean 让・卡苏

Castor et Pollux 《卡斯托耳和波吕丢刻斯》

CÉZANNE 塞尚

chaman 萨满

Chambre (*La*) 《房间》

Chine 中国

christianisme 基督教

CLEOPHRADES 克莱奥弗拉德斯人

CLOUET, F. 克卢埃

Conquête 征服

conscience de la mort 死亡意识

Corinthe 科林斯

CORRÈGE 柯勒乔

COSIMO, Piero di 皮耶罗・迪・科西莫

CRANACH, L. 克拉纳赫

D

Dalila 大利拉

DALI 达利

DEGAS 德加

F

G

H

HANCARVILLE 安卡尔维耶

HAARLEM, Cornelius van 科尼利厄斯·凡·哈勒姆

HEGEL 黑格尔

HEINE, Maurice 莫里斯·埃纳

Hercule et Omphale 《赫拉克勒斯与翁法勒》

Hermaphrodite 赫马佛洛狄忒斯

HÉRODE 希律王

HIÉRON 赫农

Homme de Néanderthal 尼安德特人

« Homo faber » “劳动人”

« Homo sapiens » “智人”

Hongrie 匈牙利

HUYGHE, René 勒内·于热

HUYSMANS 于斯曼

I

IBN KHALDOUN 伊本·赫勒敦

INGRES 安格尔

interdit (l’) 禁忌

Isturitz 伊斯图里特斯

ithyphallique 阴茎勃起的

J

JARRY, A. 雅里

jeu 游戏

Joseph et la femme de Putiphar 《约瑟和波提

M

MASSON, André 安德烈・马松

MATISSE 马蒂斯

MAUPASSANT 莫泊桑

Méduse 《美杜莎》

Ménade 酒神女祭司

Menton 芒通

Mésolithique 中石器时代

Messaline enfant 《少女麦瑟琳娜》

MÉTRAUX, A. 梅特罗

Mexique 墨西哥

MICHEL-ANGE 米开朗琪罗

Minotaure《弥诺陶洛斯》

MOREAU, Gustave 居斯塔夫・莫罗

N

Nessus 《涅索斯》

NEUVILLE, R. 纳维尔

O

obscène, obscénité 淫亵

Olympia 《奥林匹亚》

orgie 《狂欢》

Orgie 狂欢

ORLEY, Bernard van 拜尔内特・凡・奥利

Orphée (*La Mort d'*) 《俄耳普斯（之死）》

P

R

S

TACITE 塔西佗

TANNING, Dorothea 多萝西娅·坦宁

Tantaio 《坦塔罗斯》

Temple érctique 《情色的圣殿》

Ternifine Palikao 特尔尼芬，帕里考

Terre érotique《情色大陆》

THÉRESE D'AVILA 阿维拉的特蕾莎

Thrace 色雷斯

Tibet 西藏

Timgad 提姆加德

TINTORET 丁托列托

TITE-LIVE 蒂托–李维

TITIEN 提香

TOULOUSE-LAUTREC 图卢兹–罗特列克

Transgression 僭越

Trasimène 特拉西梅诺

travail 劳作

« tremblement » “战栗”

Triomphe de Priape 《普里阿普斯的凯旋》

Trois Frères (caverne des) 三兄弟（洞穴）

TROUILLE, Clovis 克洛维·特鲁耶

Tunisie 突尼斯

T

union sexuelle 性融合

U

V

VAN GOGH 凡·高

Vaudou (sacrifice) 巫毒（献祭）

Vaudou (*Le*)《巫毒》

Venise 威尼斯

Vénus《维纳斯》

Vénus et Amour《维纳斯与爱神》

Vénus et Adonis《维纳斯与阿多尼斯》

VERGNES, R. 韦尔涅

VERMEER DE DELFT 代尔夫特的维米尔

« VERONESE » “韦罗内塞”

Vézère (vallée de la) 韦尔泽（峡谷）

Voix du silence (*La*)《沉默的声音》

VOLLARD, A. 沃拉尔

Volp (caverne du) 沃尔（洞穴）

Volupté 淫乐

Villa Médicis 美第奇别墅

Vulcain《伏尔甘》

WALDBERG, Patrick 帕特里克·瓦尔德伯格

WERFF, A., van der 凡·德·韦尔夫

WEYDEN, van der 凡·德·韦登

Willendorf (Vénus de)《维伦多尔夫（的维纳斯）》

Yoga 戈雅

ZUCCHI, J. 祖齐

Zürich 苏黎世

Y

Z

译后记

巴塔耶的最后一本书名为《爱神之泪》。某种意义上，这部遗作可以算一本另类的“色情史”。不同于之前《色情》的写作策略，巴塔耶这一次试图重现人类文明，尤其是艺术的进程中色情观念的变迁与兴衰。为此，他给本书配了大量图片：一本名副其实的图册。巴塔耶回顾了从史前时代一直到20世纪的色情图像。然而，在原始石雕和壁画、古典时期的瓶绘，以及文艺复兴以来不同流派的绘画里，巴塔耶有意向世人展示两类截然不同的图像：一类是令人欢愉的图像，迎合色情的一般欲望的图像，包括取材自神话或历史传说的性享乐和性游戏，以及狂欢、节庆的场景；另一类则是令人痛苦的图像，看似与爱欲无关的图像，包括地狱式的受难、集体的屠戮和献祭、以斩首的形式呈现的谋杀，还有引人注目的异域酷刑。那么，爱神的眼泪在哪里？在整本“图册”中，爱神的唯一一次流泪出现在一幅题为《维纳斯为阿多尼斯之死哭泣》的枫丹白露派画作里，眼泪和死亡明确地联系在了一起，暗示着象征欢愉的爱神也会陷入悲痛。这正是巴塔耶的用意所在，就像他说的：“爱神无论如何是悲剧的。爱神首先是悲剧之神。”而唯有泪水能够折射出爱神的双层特质，揭示出爱欲背后隐藏的这死神的面容。所以，巴塔耶才如此令人诧异地把两类图像并置起来，对他来说，爱与死，色与苦，原本就是一体。《爱神之泪》的书名已透露了其写作的核心命题：色情的体验总与死亡的意识相伴，性高潮的“欲仙欲死”不过是最终死亡的预先品尝罢了，它们共享一种对生命的打断，一种对存在的暴力，其强度足以让泪水夺眶而出。

那么，在色情与死亡于瞬间达成一致的意义上，爱神的眼泪既包含至上的欢愉，又流露出无限的恐怖。这是巴塔耶早已察觉的泪水之悖论：“除了痛苦的泪水，悲伤的泪水，死亡的泪水，还有喜悦的泪水。”正如性的快感触及了死的深渊，反过来，畏的泪水亦能召唤乐的笑声。于是，巴塔耶的图像不仅如希罗尼穆斯·博斯的三联画一样搭建了天堂和地狱的两极场景，而且遍布欢笑的乐园和漫天哭声的末日构成了彼此的镜子，随时准备着成为对方的替身：刚刚还是纵酒狂欢的盛宴，转眼就陷入了暴虐无情的屠杀；前一秒还是缠绵悱恻的情侣，后一秒就成了血海深仇的敌手；就连最平凡的裸体，也要经历反复的变形，这儿优雅高贵，那儿扭曲挣扎，这儿一尘不染，那儿伤痕累累；伊甸园的清白之躯和罪人们的残肢断臂仅是一页之隔，但最悲惨的肉体也在享受最极致的幸福，哪怕被折磨得没有样子，也未失去诱人的美。受凌迟的男子用他陶醉的神情迷住了巴塔耶，刑苦催生出极乐，昭示一种无比残酷的美，就像《内在体验》中的惊人描述："美得像只胡蜂。"

所以，当悲与喜、苦与乐、堕落与拯救、灾难与恩典、毁灭与创造统统被模糊的泪水淹没，在里头融为一体时，拖着死亡长影的爱神，就自然地"唤起了眼泪"。眼泪，难道不是献给爱神的礼物？仿佛每一次落泪的时刻，都有爱神的到场；眼泪，总在等待爱神的拂拭。而爱神，本质上，也注定要流泪。她甚至就是眼泪，那遥远的眼泪，咸涩的海水，情欲的泡沫……

巴塔耶一生都在不懈地追寻爱神，他因此也尝尽泪水的滋味。在他的第一部小说《眼睛的故事》里，泪水的倾泻已和情欲的发作密不可分；接着，超现实主义的狂想进一步确认了泪水蕴含的爆发力，赋予了它火山喷发的能量；神圣社会学的沉思又让他看到了泪水深藏的静默，每一次哭泣所面临的死亡一般的未知；而到了战时的“无神学”写作，泪水最终和色情、诗歌、迷醉、献祭一起，涌向了至尊的极限体验……对巴塔耶而言，泪水既是打断，也是溢出，它不仅溢出了眼睛和身体，更溢出了存在，溢出了存在的可能性：它是幸福与痛苦、现实与幻觉、知识与非知、可能与不可能之间界限的标志。巴塔耶喜欢用“在泪水的界限”这一表述。在他的写作中，他自己有多少次被泪水抛到了界限上啊，而泪水本身已成了界限：当维纳斯为阿多尼斯哀悼并落泪时，它是生存的界限；当德·莱斯在法庭上哭泣并忏悔时，它是残暴的界限；当萨德在狱中遗失《索多玛》的手稿并流下“血泪”时，它是书写的界限；当尼采在都灵抱马痛哭并步入疯狂时，它是思想的界限……就这样，巴塔耶不断地迈向泪水，迷失于泪水，他不得不借着泪水来思考，来写作，而他生命的足迹不就是一道泪痕吗？终于，在耗费的意志下，泪泉也迎来了穷竭的一天。在泪水的极限处，《爱神之泪》，最后之书，最后之泪。

《爱神之泪》这个神秘的题名所指涉的画作（罗索·菲奥伦迪诺的《维纳斯为阿多尼斯之死哭泣》）也让我想起了巴塔耶自己的一份哀思，他对化名“劳拉”的情人柯莱特·佩妮奥的悼念。佩妮奥曾是巴塔耶的秘密社团“无头者”的核心成员，一个思想激烈的年轻女子，她在“二战”前夕离世了；而战火中巴塔耶仍不忘来到她的墓前，就如维纳斯面对着地上的阿多尼斯。巴塔耶在日记（1939年9月14日）中记录了这场黑暗中与亡魂的相遇：“我悲痛地用双臂抱住自己……那一刻我像是悄无声息地裂成两半，而我正搂着她……我似触摸着她，呼吸着她：一种可怕的甜蜜攫住了我”，但很快“我痛苦地流泪……因为我知道我会再次失去她……”（《巴塔耶全集》第五卷）这是巴塔耶自己挥洒的爱神之泪。或许，正是在爱神的拥抱中，对死亡的畏惧才敞开了其泪水的无尽深渊。人间的拥抱最为紧密之时，分离的忧苦也真正地从死亡的大地深处涌出，使得因爱神而暂时脱离孤独的存在发觉自己再次面临根基的丧失，其不完整的本相。但在这如泪般流离的塌陷中，爱神又提供唯一的立足点，仅存的慰藉。

多年后，劳拉的幻影化身成了《天空之蓝》里的“蒂尔媞”，而小说也在爱神的泪水中落幕：火车上，即将与恋人“我”（巴塔耶）别离的蒂尔媞突然哭泣，而这泪水融入了绵绵细雨，融入了坟墓遍地的阴森平原，直至融入车轮碾碎肉体时发出的噪声。在战争爆发的边缘，将被撕裂的爱神流出的眼泪不仅宣示自身的命运，还向一个疯狂失序的世界，死亡的时代，投出了无限的悲悯。在她的柔弱无力中，泪水如此绝望地维护着恋人的小小的共通体，顽固地抵抗着外部所强加的一切破灭，虽然她也无奈地坚信破灭的必然，在爱欲尽头的虚空中，接受了死亡才能赠予的满盈。

泪水绝不只是创痛的流露，它更是爱的最终界限：在死的恐怖面前，它守卫着有限之存在通过爱的结合走向永恒的微渺希望。

或许，这部泪水之书，已在呼吸的极限处，见证了一种爱的信念。为了所哀思的亡者、为了自己将要成为的亡者流下的眼泪，彻底献出了一份爱。由一个终有一死的爱者，献给其所爱的人，献给世上所有的爱者，献给爱者的共通体。

献给亲爱的伊丝多。

二〇一九年六月

图书在版编目（CIP）数据

爱神之泪 /（法）乔治·巴塔耶著；尉光吉译. —
南京：南京大学出版社，2020.3（2023.9重印）
（棱镜精装人文译丛 / 张一兵，周宪主编）
ISBN 978-7-305-22369-3

Ⅰ. ①爱… Ⅱ. ①乔… ②尉… Ⅲ. ①巴塔耶（Bataille, Georges 1897-1962）—哲学思想 Ⅳ. ①B565.59

中国版本图书馆CIP数据核字（2019）第124164号

出版发行 南京大学出版社
社　　址 南京市汉口路22号　邮　编 210093
出 版 人 王文军

丛 书 名 棱镜精装人文译丛
书　　名 爱神之泪
著　　者 〔法〕乔治·巴塔耶
译　　者 尉光吉
责任编辑 甘欢欢
书籍设计 周伟伟
照　　排 南京紫藤制版印务中心
印　　刷 南京爱德印刷有限公司
开　　本 889×1194　1/32　印张 9　字数 235千字
版　　次 2020年3月第1版　2023年9月第3次印刷
ISBN 978-7-305-22369-3
定　　价 88.00元
网　　址 http://www.njupco.com
官方微博 http://weibo.com/njupco
官方微信 njupress
销售热线 （025）83594756